COLECCIÓN POPULAR

470

CRISTÓBAL COLÓN

JUAN MARÍA ALPONTE

CRISTÓBAL COLÓN

Un ensayo histórico incómodo

COLECCIÓN
POPULAR

FONDO DE CULTURA ECONÓMICA
MÉXICO

Primera edición, 1992

ISBN 968-16-3929-4

Impreso en México

I. (QUINTO CENTENARIO) 1492: LA EXPULSIÓN DE LOS JUDÍOS CON COLÓN AL FONDO

HACIA el año 1140 de nuestra era, a un escritor anónimo, probablemente mozárabe y nacido en Medinaceli o, acaso, en San Esteban de Gormaz, le dio la vena de escribir un prodigioso río de poemas. Los poemas eran asombrosamente lúcidos, apegados a la tierra, descubridores de llanuras, nombres de capitanes y gritos, exangües, en las batallas. Se dijo que era el primer texto, maravilloso y maravillado, de la lengua española, y como tal anduvo en la literatura. Sin embargo, el filólogo Ramón Menéndez Pidal (un sabio y un hombre de bien) demostraría, sin apelación, que la lengua española tenía relatos previos. Algunos, como la *Condesa traidora* (buen título para una telenovela y harto bueno, además, porque la condesa, *cristiana*, se enamoró del caudillo *moro* llamado Almanzor), demostraban que la lengua española no nació con el *Cantar del Mio Cid* del mozárabe antes señalado.

No obstante, el *Cantar del Mio Cid* es una historia de la historia. Nace, como la lava, del resplandor físico del fuego y duerme a las orillas mismas de la vida. Su realismo portentoso da testimonio del tiempo y el espacio.

El *Cantar del Mio Cid* es la crónica versificada de la memoria colectiva: memoria que se cristalizaría en la biografía de un hidalgo —Rodrigo Díaz de Vivar—

que pasó a ser llamado *el Cid* o *el Mio Cid.* Él es el protagonista de un relato donde lo que sería España, lo que era la *Sefarad* de los judíos, tendrá como ocupantes o *conquistadores,* desde el 711 a 1492, a los "moros". En el poema la palabra árabe o el vocablo musulmán o islámico han sido sustituidos, y para siempre en el lenguaje *popular español, por la voz "moro" que implicará, a la vez, árabe y musulmán.*

Permítaseme recordar, como *memoria,* que las hijas de Karl Marx llamaron a su padre, en ocasiones, "moro" por su tez morena y su pelo fosco y rizado. Su esposa, erudita, le denominó cariñosamente "mi almohadiño", en recuerdo de las tribus almohades que, siguiendo a las anteriores, invadieran España hacia 1172. Tema fascinante el color de la piel del Marx judío, casi del Tercer Mundo, en esas significaciones familiares que dejo para otra ocasión.

La connotación peyorativa de "moro", casi seguramente, no es dudosa, pero tampoco su popularidad aceptada como el "otro" existente puesto que, en la España de la que habla el mozárabe de la Canción del Cid, *se decía "moros y cristianos" con naturalidad absoluta.* Estamos, pues, ante procesos culturales complejos. Nadie tire la primera piedra. Tengamos la inteligencia de la paciencia: el don de buscar es encontrar.

El Cid Campeador *lucha, algunas veces, "contra cristianos" y, generalmente, "contra moros" y, a veces, contra "moros y cristianos" aliados y coligados entre sí. Todo ello como la actividad normal de un hidalgo transformado en guerrero. Esto así porque después de su entrada en España, en el 711, los "moros" (que no serán derrotados en su última posesión, en Granada, hasta 1492) permanecerán en el seno de la vida española como un signo más de sus complejas señas de identidad. De igual forma tenía un papel, especial y singular, la comunidad judía española en el conjunto de la Sefarad.* Tal fue el nombre de *España* para los judíos: *Sefarad.* Era la designación bíblica de la tierra occidental del Mediterráneo. A los judíos de España se les llamó *sefardim,* gentilicio de Sefarad. De ahí sefaradíes o sefarditas. Hasta el día de hoy. Una historia, pues, de la cultura: esa infraestructura real de un pueblo.

Lo significativo es que el comienzo del poema sobre *el Cid* se inicia con un engaño. Don Rodrigo Díaz de Vivar (pueblecito de Burgos, en Castilla, de donde era originario y donde naciera hacia el 1043) fue expulsado de los territorios de León, a consecuencia de unas denuncias, falsas, del rey Alfonso. En síntesis, tuvo que emigrar, pero no tenía demasiados bienes.

Decidió entonces, según el juglar que cantó sus hazañas en el 1140, una estratagema. Mandó hacer unos arcones riquísimos, con grandes clavos dorados, que llenó de arena y cerró con cadenas. Mandó después a uno de sus capitanes y amigo que fuera a casa de unos judíos ricos de su comunidad, con los que su enviado mantuvo una taimada y confianzuda conversación.

Les dijo que todos los tesoros de la casa de Rodrigo Díaz estaban encerrados en los arcones y que se los entregaba, dado que aquél tenía que salir del reino, pero que sólo se los dejaría con dos condiciones: primero, que no los abrieran nunca y no los entregaran nunca tanto a *moros* como a *cristianos;* segundo, que *les haría ricos,* en el futuro, si le adelantaban, con cargo a los cofres y el botín a obtener en tierras moras, *600 marcos.*

Los judíos, don Raquel y don Vidas, pensando en las riquezas de los cofres, adelantaron de buena gana los 600 marcos y prometieron, encantados, que jamás hablarían de ello con nadie.

El acuerdo fue precedido por un coloquio afectuoso y amable entre el capitán que mandara el futuro *Cid* a la judería y los prestamistas. Sus palabras lo revelan:

> —¿Cómo estáis, Raquel y Vidas, amigos míos tan caros? En secreto yo quería hablar con los dos un rato.
>
> No le hicieron esperar; en un rincón se apartaron.
>
> —Mis buenos Raquel y Vidas, vengan vengan esas manos [y] guardadme bien el secreto, sea a moro o a cristiano...

Les cuenta, en ese momento, la historia de los cofres que les dejará empeñados. Los judíos aceptaron tal y como había previsto *el Cid,* quien, no obstante, no se sentía, moralmente, muy feliz de la taimada farsa. El juglar le hace decir en el poema: "—Que me juzgue el Creador, y que me juzguen sus santos; no puedo hacer otra cosa, muy a fuerza lo hago..." (He tomado la referencia modernizada del poema, para una más feliz comprensión, del libro *Poema del Mio Cid,* en la espléndida versión del poeta Pedro Salinas. Alianza Tres.)

En suma, la judería de Burgos, aun con engaño, prestó al *Cid* la suma necesaria para su "salida" a los campos de las hazañas. Cabe añadir que, de ser veraz la hipótesis de que el poema lo escribió un mozárabe, la prueba de la *integración* de las comunidades sería más intensa e inextricable de lo que se cree. En otras palabras, la coexistencia era real, profunda, indudable. Inclusive, lúdica. Permitía la broma y la picardía. El mozárabe anónimo sabía de qué hablaba.

Mozárabes, como se sabe, eran los cristianos que vivían en reinos o taifas dominados por los moros, en tanto que los *mudéjares,* por el lado contrario, eran los moros que continuaron la vida, cultura y tradiciones (llamados también *moriscos* en la etapa de su "conversión" al cristianismo) después de que esas regiones o territorios fueron reconquistados por los cristianos. No deja de ser interesante y aleccionador que el vocablo "cristiano" fuera la expresión de un proyecto colectivo —ideológicamente— mucho más amplio, posiblemente, que el transportado, con posterioridad, por la voz católica y el catolicismo.

En el *Primer diccionario de la lengua* (en el de Sebastián de Covarrubias de 1611)* se dice: "mozárabe: cuando [quando] los moros ganaron a España, entre los demás cristianos que quedaron entre ellos, los de Toledo alcanzaron seis iglesias [yglesias] de la ciudad que les dejaron [dexaron] libres."

En esas iglesias continuaron celebrando sus cultos, esos cristianos en tierras moras, según el rito de San Isidoro. Después este rito se transformó y, por tanto, se habla de "misa mozárabe" sólo cuando se trata de la misa que los cristianos de esos territorios moros siguieron celebrando. El *Diccionario Covarrubias* añade que a los cristianos del área mora se les llamó inicialmente *mixtiárabes,* por estar *mezclados* con los moros, y que el vocablo se corrompió transformándose en *mozárabes.* En cuanto a los mudéjares (mudexares) el Diccionario es más expedito: "vocablo arábigo, vale tanto como moros vasallos de cristianos..."

* *Tesoro de la lengua castellana o española.*

Insiste Covarrubias: "...Éstos, por tiempo, vinieron a convertirse y tornarse cristianos, y son los moriscos antiguos de Castilla, Aragón y Cataluña, distintos de los de Valencia y Granada..."

También a los moriscos, a la hora de la unificación ortodoxa y moderna de España, el Estado los terminó expulsando como a los judíos. La Sefarad, pues, de *cristianos, moros y judíos no es, en modo alguno, una invención. Era una forma histórica de existencia real, de convivencia y culturas mezcladas, complejas, fascinantes.*

El mozárabe que escribe el poema del Cid *sabe que existen los Raquel y los Vidas. "Nombres sefardíes de mujer son Alegría, Sol, Estrella, Perla, Mercedes, Fortuna o Plata. Lo que les diferencia de los ashkenazis, la otra gran tribu judía de la Biblia, y que se inspira en ésta para nombrar a sus hijos como Esther, Raquel, Miriam..."*

En el poema está don Raquel, nombre para varón, que pasaría a la fama por el relato de los cofres llenos de arena del Cid.

Es de señalar que no creo que exista crónica, relato, leyenda, hazaña oral o texto poemático donde la economía *ocupe tanto espacio dialéctico y dialectal. En efecto, "dinero", "ganancia", "ganar", "botín", "riquezas", "saqueo", "oro y plata"* son palabras acuñadas, a puños, para cada página del poema. Aterrizan en ellas ("tantas riquezas sin tasa") como el corolario normal de una columna expedicionaria, y "reconquistadora", que considera al adversario *como simple botín.* Mejor si era de los moros; pero sin despreciar nunca el botín de los cristianos mismos si éstos se cruzan en su camino o son adversarios, ocasionales, en el tejido de guerras y alianzas antitéticas. En efecto, a veces un rey cristiano, para mantener la paz con los moros de su "frontera", tenía que batallar con otros cristianos. Aunque fuera accidentalmente. La coexistencia fue múltiple. La costumbre, a lo largo de los siglos, *la naturalizó.*

La hazaña de la Reconquista, en la España árabe, es una hazaña cultural donde *lo arbitrario,* instalado en la "real gana", generaría un impulso, formidable e inextinguible, hacia la fama y la riqueza. Los muertos en las batallas serían, pues, *números normales.* "De moros muertos —dice el juglar que canta y habla de economía— había unos mil trescientos ya". Y antes: "Cada guerrero del Cid un enemigo mató, al revolver para atrás otros tantos muertos son." Y más adelante: "Enemigos que él alcanza la vida los va quitando."

Y más adelante y después: "Esas tierras de Alcañiz yermas las iba dejando, por esos alrededores todo lo van saqueando..."

El saqueo, dinamizado como explosión vital, se reorienta hacia su propia autosatisfacción. En síntesis: "El Conde ya se ha marchado, da la vuelta el de Vivar, juntóse con todas sus mesnadas y muy alegre que está por el botín que de aquella batalla les quedará: tan ricos son que no pueden ni su riqueza contar..."

Las invocaciones al cielo no son menores. Al contrario, parecen complementarias, también coexistentes, con el botín. Como si Dios participara de un lado. La ambigüedad y la complejidad de lo moral-inmoral, en términos contemporáneos, impresiona a un oído sensible. Véase: "A Santiago y a Mahoma todo se vuelve a invocar. Por aquel campo caídos, en un poco de lugar de moros muertos había unos mil trescientos ya..."

Ése sería un elemento de síntesis. España se explicitará, durante varios siglos, mucho más como "hazaña" que como "trabajo". La Reconquista permitirá, en suma, una gigantesca distorsión ética que no posibilita la distinción entre lo justo y lo injusto. Dicho de otra forma, el avance hacia el Sur, hacia la España aún musulmana, admitirá la permanente excepción de la norma. El autor del *Poema del Mio Cid* no se equivoca en la "naturalidad" de su relato. En otras palabras, vidas y haciendas eran "pérdida" o "ganancia" sin efectos morales. El "otro" dejaba de existir como tal: *como individualidad inviolable.*

> De aquellos cincuenta mil moros que habían contado —dice el juglar— no pudieron escaparse nada más que ciento cuatro. Las mesnadas de Ruy Díaz saquearon todo el campo, entre la plata y el oro, recogieron tres mil mar cos, y lo demás del botín no podían contarlo...

Tal era. Así se creaba una personalidad histórica. Entre el 711 y 1492 todo fue posible. Pero esa historicidad, en la formación humana y jurídico-política, ¿qué efectos tendría, después, en la otra "conquista", en la de América?

II. EL DERREDOR AMBIGUO Y COLÉRICO DE LA "COEXISTENCIA" DE CRISTIANOS, MOROS Y JUDÍOS

Amor yo hize,
con ti manzevo,
me derrites
como el cevo.

Canción sefardí

El 20 de marzo de 1492, mientras las huestes de Isabel y Fernando celebraban su victoria frente al último bastión árabe en España (la ciudad de Granada y su derredor) el inquisidor general de España, Tomás de Torquemada, presentó a los reyes de Castilla y Aragón el borrador del edicto que serviría para legalizar la expulsión de los judíos de España. Los dos Estados, Castilla y Aragón, se plantearían entonces, después de siglos, un dilema, a la vez, de extraordinarias repercusiones: *la unidad política de aquella nación de naciones se convertiría en el centro del cuestionario. El hispanista Joseph Pérez, sin equívocos, señala que*

> en cuanto al derecho los dos Estados, Castilla y Aragón, permanecen cuidadosamente diferenciados; los dos soberanos conservan su preeminencia, cada uno en su reino. De hecho, desde el 28 de abril de 1475, Isabel concede a su marido una amplísima delegación de poderes, pero los dos soberanos actúan de común acuerdo, cooperan estrechamente en todas las grandes empresas del reino.

"Tanto monta —se diría— Isabel como Fernando."

El problema del Estado nacional —con materiales múltiples y lenguas distintas— se hizo más presente, acuciante, obsesivo, al iniciarse la guerra contra la última ciudad y reino que quedaban en España en poder de los árabes. Granada iba a ser, así, el colofón y corolario de una empresa excepcional, en términos europeos —la Reconquista, que duraría casi ocho siglos—, que sería, a la vez, conviviente y encrespada. Sobre todo, dicho quede, para un país donde convivían, sobre una identidad nacional múltiple, los "otros", esto es, los desiguales: los cristianos, moros y judíos.

Los vencedores, y sobre todo la Iglesia (progresivamente nacionalizada porque la Inquisición, si bien era un poder de investigación y de coerción sobre los no creyentes, se transformaba en un instrumento de coerción legal, progresivamente, del Estado), se pronunciaban de manera abierta por la finalización de la Tolerancia. ¿No era la tolerancia un semillero de "confusión"? La intolerancia, por tanto, aparecía como un *finis terrae,* al tiempo, frente a la herejía y la pluralidad o, acaso, ¿la pluralidad religiosa no era *el* mal? La "unidad" (y toda unidad será el principio moderno de la coerción totalitaria) emergía, por tanto, como un valor indispensable para el Estado.

La corona de Castilla comprendía Galicia, Asturias, la región de Santander, las mesetas de Castilla la Vieja y Castilla la Nueva, Extremadura, La Mancha, Andalucía y la región de Murcia, las provincias vascas estaban unidas administrativamente. La corona de Aragón se componía esencialmente de Aragón propiamente dicho, de los condados catalanes, del antiguo reino de Valencia y de las

Islas Baleares. La desproporción era flagrante. Castilla, finalmente, ocupa en la doble monarquía una posición preponderante, porque tiene una extensión mucho mayor que Aragón, está más poblada, es más dinámica.... [*La España de los Reyes Católicos,* Joseph Pérez.]

No era tan sencillo. El país había convivido con el "otro", dada esa "coexistencia", durante siglos. Ricas culturas mixtas, mestizas, se entrañaban en la personalidad histórica de lo español. ¿Qué era Andalucía? ¿Qué era el *Al-Andalus?*

Desde el Concilio de Elbira (entre el 303 y el 309 de nuestra era) la Iglesia española se había planteado el problema, a su vez, de los judíos en la Península. La convivencia era, en conjunto, una realidad y un conflicto. Quiero decir que la interrogación venía de lejos. La incorporación del modelo islámico a la España futura añadió, al ideal y la crisis de la vida común, una dimensión existencial, vivencial, extraordinaria. La religión era, como en *el Cid,* esencia de la divinidad y sustancia cotidiana, pero banalizada por el saqueo y la aventura, en las formas concretas del existir. De ahí la agonía y el misticismo; el descontento y el frenesí.

En su inicio, los conquistadores árabes de España, que dieron fin a los reinos visigodos, no se plantearon una "guerra santa" (el *djihad* de nuestros días) ni el problema de una relación, con el "otro", intolerante. El islamismo originario incluía, en el "Libro", en el Corán, la presencia de judíos y cristianos. Ése había sido el derredor de Mahoma. Sería mucho después, con la presencia de tribus árabes del *Tercer Mundo islámico* (los almorávides o almohades, por ejemplo), cuando la violencia de la guerra tuvo, también, una connotación religiosa. Aún así, por tanto, la Reconquista implicó, para los reyes cristianos que bajaban del Norte, desde la inicial Castilla dominante hacia el Sur, hacia el Al-Andalus, un tema ineludible: evangelización, convivencia con los "moros" del *Cid* (mudéjares) y asimilación de los mozárabes y judíos. Estos últimos, en gran medida, se hicieron indispensables como técnicos, como mediadores entre el Derecho y la Naturaleza. Tema asombrosamente complicado y demoledor. ¿Cómo eludirlo con *slogans* sobre los buenos y los malos? Menos, aún, sobre el Bien y el Mal maniqueo de los cátaros.

Las tensiones de esa coexistencia, como la riqueza de esa coexistencia, son patentes. El inicio del *Cantar del Mio Cid* lo prueba. Los judíos estaban presentes. Rodrigo Díaz de Vivar acude a ellos. Eran el Banco y la Hacienda. La relación de engaño no elude el afecto. Hace emerger una cooperación extraña, pero no exenta de camaradería: "Amigos caros, mis buenos Raquel y Vidas", dirá, atento y "muy taimado" Martínez Antolínez a los judíos a los que entrega los arcones del *Cid*. Burla y farsa, cierto, pero el "otro" era imprescindible. El rencor, el resentimiento en el pueblo, no obstante, crecía. La diferencia no es aceptada, e integrada, como siempre, nada más que por los mejores. Entonces y hoy.

La coexistencia fue, pues, una realidad tensa. En los concilios de Letrán (1215) y de Viena (1311) los obispos cristianos europeos insisten en que esa relación convivencial, innegable, era peligrosa para la *religión única*. Olvidaban que judíos y musulmanes también eran herederos del mismo esquema: un solo Dios; una sola verdad. La espada, pues, al cinto y los inquisidores a la vera. Destino atroz. Sobre todo porque Cristo difundió el criterio de la igualdad, y Mahoma, en el "Peregrinaje del adiós", en La Meca, en el 632, "insistió" asimismo en la igualdad de todos los hombres ante Allah. Pero Dios es único, única realidad. ¿Cómo hacer compatibles las palabras y las acciones humanas?

La Edad Media española presenta elementos sobrados, razones paralelas para la defensa de la coexistencia y para el delirio (que se quería "racional") de la ruptura. A nivel popular la hostilidad antisemita se vivió más enérgica y más oscuramente en la base social que en la superestructura cultural. Los predicadores parroquiales, el clero bajo, denunciaban a los judíos como emisarios de los "impuestos", como ejemplos de "extraños enriquecidos" (sin ponderar la miseria real en el interior de las juderías); como "cómplices de los poderosos". Era fácil, es fácil, será siempre fácil encontrar al "enemigo identificado", al chivo expiatorio, al *capro emissarius*.

Cada crisis económica, cada recesión, que dependía mucho más de la incapacidad real de las técnicas y de la explicación de los fenómenos, se les achacaba. Su integración en profesiones independientes, médicos, técnicos, banqueros, los aproximaba a los reyes y los separaba del pueblo. Si se convertían al cristianismo se les llamaba falsos creyentes (marranos); si no se convertían eran "el enemigo de religión y de clase". De vez en vez esa tensión de la coexistencia generaba *progroms* terribles, como el de 1391, de inusitada violencia y de consecuencias humanas dramáticas. El asalto a las juderías chocaba, a su vez, con la voluntad de los reyes y con la sensibilidad de las minorías cultivadas que, por distintas causas, querían mantener en pie la laboriosidad de las comunidades judías que, de una parte, pagaban altos impuestos y, de la otra, proporcionaban recursos humanos valiosos que los guerreros no generaban. Éstos odiaban a los "mediadores", pero tampoco pretendieron serlo. Era mejor el oficio, *arbitrario, del re-conquistador.*

El dilema del judaísmo se amplió con el del islamismo. Los "reconquistadores" querían, al finalizar la batalla en Granada, en 1492, el pleno ejercicio del poder. La frágil creación del Estado nacional (sin experiencias determinantes en su tiempo) amplió el problema. No podía entenderse la creación de las nuevas instituciones estatizantes desde la diversidad. Se quería, en suma, "todo el poder para los soviets". La pluralidad, como expresión de riqueza cultural, política, social, era un dilema; no una síntesis superior del desarrollo político y moral de las sociedades. La Iglesia, en su papel de guardián de la fe, insistía *ante las monarquías en busca del Estado, que la "Ciudad" del poder sólo era posible desde una sola religión.* Inútil decir que se hablaba de la "religión verdadera".

¿Entonces? La conversión masiva, abrupta, semillero de resentimientos y de hipocresías, no creaba las condiciones para la unidad social que se creía indispensable. Movilizaba, al contrario, el descontento, la calumnia y la persecución. El clero más lúcido, más inteligente, más humanista, entendía, de sobra, que la conversión es un acto libre y voluntario y no una imposición y sumisión infames. La "conversión" por ese medio se transformaba en un factor, pues, de totalitarismo y de conflicto. La intolerancia, por consiguiente, se convertía en una empresa terriblemente costosa: cultural y socialmente. Obligaba a la perversión, la simulación o la duplicidad de la fe. Se sabía eso desde el pasado.

En las Cortes de Castilla, en el curso del siglo XIII, las reclamaciones sobre ese tema se hicieron permanentes. Los cristianos pedían la exclusión de los judíos de las profesiones privilegiadas. Los judíos se acogieron a la piedad y defensa interesada de los reyes.

Ese capital humano exigía, en el fondo, la libertad de creencias y la plena integración, como técnicos, en el sistema. El papa Gregorio XI, en su bula del 28 de octubre de 1375, reprocha a Enrique II la protección que dispensaba a los judíos. Protección que le enfrentó con los predicadores populistas como Juan de Valladolid. El chivo expiatorio, el *capro emissarius*, se transformaba en los chivos expiatorios, como *slogan*, de todos los poderes. El ascenso de los inquisidores se acrecentaba. Algo más: *se apropiaban del territorio secreto de la conciencia.*

Durante un siglo, entre 1375 y 1475, hubo de todo: agitación antisemita que produjo, entre otras cosas, la previsión anticipada del nazismo de 1933, es decir, el *progrom* de 1391 y la destrucción de la judería valenciana: la judería, no se olvide, de la Valencia del *Cid*. Un mes después, aproximadamente, ocurrieron las ferocidades vandálicas de Sevilla. No sigo. El tribunal eclesiástico conocido como la Inquisición fue autorizado por el papa en 1478. Los primeros tribunales en el territorio español se establecieron en 1480.

Cabe decir, únicamente, que el *Santo Oficio* —organismo que tenía como misión la lucha contra la herejía— era una institución regular ya en toda Europa y existió, con las palabras eruditas de Turberville, autor de *La Inquisición española,** "mucho antes del siglo XV". En otras palabras, el proceso, contenido y desvelado por siglos, explotó, al final del siglo XV, también en España.

Sin embargo, la crisis se hizo más evidente a medida que se acercaba el derrumbe definitivo de la etapa musulmana en el país reconquistado. A partir de entonces, la "imagen del enemigo", por emplear las palabras de Eduard Shevardnadze al explicar las persecuciones soviéticas, se amplió y tuvo su consagración histórica y mediática en las necesidades históricas de la Nación. ¿Cuántos crímenes en su nombre?

La batalla contra el último reino musulmán de Granada —añade Turberville— "requirió nueve años de ardua lucha, desde 1483 a 1492". Para vencer a los vencidos hubo necesidad de firmar un acuerdo, no obstante, generoso, con el "otro" para que los moros que se rendían pudieran continuar sus costumbres, tradiciones y, sobre todo, su religión. Duraría poco ese consenso, inevitable al principio. Fue forzadamente "abierto" y, finalmente, hipócrita, *cerrado.*

En orden al problema judío la expulsión representó, para H. Kamen, "la victoria de la nobleza feudal sobre la clase que se identificaba con el incipiente capitalismo comercial". La idea es deslumbrante, pero resulta que la historia real es más compleja, es decir, *menos reduccionista y simplificadora.* En efecto, el urbanismo castellano quería el Poder y el acuerdo con la monarquía estatal. Pero también estuvo, a la vez, contra los judíos y contra el Imperio, es decir, contra el traspa-

* Turberville, Stanley Arthur, *La Inquisición española,* FCE, México, 1981.

so de la corona de Castilla a los Habsburgos de Alemania y los Países Bajos. Ese traspaso significó que España se integraba en las guerras dinásticas y religiosas de Europa, en tanto que las nuevas clases urbanas castellanas querían, al contrario, producir el Estado nacional. Eso sería después, cierto, pero no es separable, no es disociable, del Decreto de Expulsión. En otras palabras, la ideología abría el camino a la universalización del Príncipe y de la *Política de Estado*. Por eso mismo, aquellas clases urbanas se levantarían contra el Imperio y serían aplastadas por él. Esa guerra, en el siglo XVI, sería la primera guerra social *moderna* de Europa: la guerra de las comunidades de Castilla *versus* el imperio, *versus* Carlos V de Alemania (I de España) y su *Weltanschauung*, su interpretación del mundo. *Interpretación* que obligaría a España a entrometerse, *sin ser su destino*, en las guerras dinásticas europeas para convertirse, finalmente, en el *brazo duro* de la Contrarreforma. Un enorme equívoco religioso, puesto que España era entonces para los europeos, por su coexistencia con los "infieles" musulmanes y judíos, el país menos adecuado para dar ejemplo en ese sentido.

Lo cierto es, mientras tanto, que el borrador del inquisidor general, Tomás de Torquemada, fue presentado a los monarcas y, rehecho, se firmó por los reyes *el 31 de marzo de 1492*. El Decreto de la Expulsión se convertía en ley.

El arzobispado de la Granada "liberada", arzobispado creado entre las hogueras de la guerra, recayó, en esas horas, en un hombre de bien: Hernando de Talavera, obispo de Ávila y confesor de la reina. Ese hombre quiso aprender el árabe y ordenó que sus sacerdotes lo estudiaran. Se intentaba conquistar, todavía, las conciencias sin mutilar los cuerpos. No se supo; no se pudo; no se quiso.

Ese proceso, aprender y dialogar con el "otro", es tarea de mucho tiempo. Prueba de ello es que, en 1501, se prohibió también, como principio, que los moros de otras partes de España entraran en la provincia de Granada. En otras palabras, la *conversión forzada* fue, a la postre, la opción que tuvieran ante sí. En pocos años más, ante la presión, hubo numerosos levantamientos de moriscos y, entre 1609 y 1611, la Corona, como hiciera con los judíos en 1492, los expulsó de España. La coexistencia fracasaba; el Estado nacional —incierto— se levantaba sobre una sola fe y, se creyó, ingenuamente, sobre un *hombre nacional único: el español.* Nada más falso.

III. EL DECRETO DE EXPULSIÓN DE LOS JUDÍOS: COLÓN, TESTIGO

El decreto del 31 de marzo de 1492 fue, todavía, un sistema de equilibrios. Puede entenderse lo que costó a los reyes desprenderse de su propia sombra burocrática: el aliado judeoespañol. Pero también revela el comienzo del fanatismo: la idea de que la convivencia con el "otro" era inadmisible. La fe se convertía en pureza racial y, pronto, en el horror de la "pureza de la sangre" convertida en religión.

El Decreto de Expulsión, dice Luis Suárez Fernández en su libro prodigioso *Judíos españoles en la Edad Media,* "concedió un plazo de cuatro meses para que [los judíos] liquidaran sus negocios en España y llevaran consigo sus bienes en las condiciones previstas por la ley. Torquemada añadió un plazo de nueve días suplementarios para compensar el retraso en la publicación".

La Inquisición, por tanto, como brazo armado del poder espiritual, entró en acción. La Corona organizó, en lo que pudo, la defensa moral de los exiliados que se negaban, para quedarse, a abjurar de su fe. "Durante el plazo que precedía a su partida —señala Suárez Fernández en el libro antes citado [quien esto escribe se atiene a la edición francesa, puesto que no he podido encontrar el libro en la edición española de Rialp]—, los judíos continuaban bajo protección real, con libre disposición para vender y ceder sus bienes..."

Los abusos, pese a la protección de los monarcas, fueron considerables, abrumadores. No es asimilable el Edicto, sin embargo, y en modo alguno, a la "solución final" de Hitler. Decirlo es indispensable y, además, cierto. Es inútil decir que no se defiende el acto ni el procedimiento. De ninguna manera. Dicho eso, lo anterior es no menos válido.

Para escapar al Decreto sólo quedaba a los judíos una salida: recibir el bautismo y unirse a los conversos. Ello significaba, en consecuencia, comenzar a vivir lo que vivían ya los "otros" conversos: la "vigilancia social", las "sospechas" de la Inquisición o el áspero suplicio de la *herejía.*

Hubo negociaciones para permanecer en el país, es decir, en la Sefarad mítica. Sefarad que se llevarían consigo, con el idioma del siglo, los sefardíes. De todas las maneras, "si los Reyes y sus consejeros [entre los cuales muchos judíos convertidos tiempo atrás] esperaban una conversión en masa, hipótesis que no es improbable, rápidamente comprendieron su error. En 1492 los judíos dieron un alto ejemplo de fidelidad a su religión".

"Rarísimas fueron las indicaciones de conversión que hemos podido recoger —prosigue el autor de *Les Juifs Espagnols au Moyen Age*— tanto antes como después de la partida..."

Es cierto que Abraham Seneor, el rabino mayor, y su yerno Mayor Melamed, añade, recibieron el bautismo apadrinados por los propios reyes en persona. "Se llamaron desde esa hora Fernando Núñez Coronel y Fernando Pérez Coronel. Seneor fue nombrado miembro del Consejo Real, Regidor de Segovia y Tesorero General del Príncipe heredero." En suma: los que tenían mucho que perder se convirtieron.

Los reyes, en ese momento, querían decir al pueblo, quizá, la alta estima que tenían por ese capital humano que iniciaba una tormentosa marcha, terrible, hacia los puertos o fronteras. Si nos atenemos a las apreciaciones del propio Abraham Seneor y de su yerno, que tenían razones para poseer una idea adecuada, el Decreto afectó a 30 000 familias de Castilla y a 6 000 de Aragón. Ello daría una población total de alrededor de 160 000 personas. Es una cifra a retener, "como el máximo posible", dice Suárez Fernández. Otros insisten en una medida que afectó a 100 000. Ésta es la idea personal, finalmente, del propio Luis Suárez Fernández.

Simon Wiesenthal, por su parte, en *Operación Nuevo Mundo. La misión secreta de Cristóbal Colón*, eleva las cifras.

> Los bautizos forzosos, *progroms* y emigraciones de 1391 —dice— motivaron que la población hebrea disminuyese fuertemente, como patentizan las listas de las cabezas de familia de algunas ciudades. Pero no sabemos con exactitud hasta qué punto, ni cuántos fueron expulsados del país, o sea, de los vecinos unidos de Castilla y Cataluña-Aragón. A ese respecto, los cálculos oscilan entre 190 000 y 800 000...

La última cifra parece, a todas luces, una notoria exageración. Luis Suárez, como antes se señala, lo reduce a 100 000 personas.

Lo significativo, de todas las maneras, es que, a los ojos de Europa, la España de la coexistencia de cristianos, moros y judíos, había despertado, desde siempre, dudas y prevenciones.

> En Europa o, mejor dicho, en la Cristiandad de entonces —dice Marcel Bataillon en *Erasme et l'Espagne**—, la España de los Reyes Católicos ocupa una situación singular. Al mismo tiempo que acaba de rechazar el Islam al África, abre un Nuevo Mundo a Cristo. Y esto en el momento en que la unión de Aragón con Castilla, más el éxito de su política italiana, proyectan a la doble monarquía al primer rango de las potencias. Los hombres en los que reside la conciencia de la época —prosigue Bataillon— no pueden dejar de volverse hacia España con miradas plenas de atención...

Pero esa mirada atenta es una mirada, a la vez, llena de prevención crítica porque la coexistencia española con musulmanes y judíos despertaba incertidumbres y malevolencias notorias pese a las "expulsiones" y las "hogueras". El tema es, sin duda, apasionante. No es sólo el parecer, sino el ser.

En efecto,

> pese a la Inquisición —dice Bataillon— y a despecho de su actitud militante contra el Islam y el judaísmo, el catolicismo español no aparecía, en el exterior, como esa irradiación de pureza sin sombra que él reinvindicara, altamente, en tiempos de la Contrarreforma. Se ha observado, justamente, que la severidad misma de la represión inquisitorial puede interpretarse como un signo de que los españoles tenían necesidad de compulsión para ser cristianos. La malignidad italiana —prosigue el historiador francés— bautizó como *peccadiglio di Spagna* su falta de creencia respecto a la Trinidad, dogma repugnado tanto por los judíos como por los árabes...

* En español, *Erasmo y España*, FCE, México, 1982.

He aquí, pues, otra versión, problematizada, del conflicto. Adquirirá toda su dimensión histórica, cultural y social en el encuentro con el Nuevo Mundo. Por lo pronto, quede noticia de la complejidad de los acontecimientos.

Todo ello impone una revisión de la época del encuentro con el Nuevo Mundo. Implica, en principio, problemas de ajuste psíquico, social y cultural que provenían, finalmente, de una vasta masa de contradicciones que proporcionaban a España —*tolerancia-intolerancia*— mecanismos de respuesta ante lo real, por lo menos, muy poco aptos para ser simplificados y generalizados sin ocasionar serias distorsiones, graves errores de juicio.

> Sin hablar —añade Bataillon— de los conversos agregados por compulsión y cuyo catolicismo era de cualidad dudosa y que la Iglesia española encierra en su seno, desde el fin del siglo XIV, y de los cuales una proporción notable venía del judaísmo. ¿No ha sufrido la Iglesia [española] alguna influencia del genio judío tan potente en la moral y la religión? Es extraño que no se haya acordado a esta cuestión la atención que merecería dado el papel jugado por los descendientes de los conversos en la vida espiritual española desde Alonso de Cartagena hasta fray Luis de León. El primero de esos dos escritores, obispo de Burgos, es el propio hijo del rabino Salemoh Halevi, convertido después de las matanzas de 1391 y que, bajo el nombre de Pablo de Santa María, hiciera una magnífica carrera como hombre de la Iglesia: graduado en la Sorbona, miembro del Consejo Real, finalmente regente del reino y legado del papa. A los 81 años encontrará fuerzas para escribir un tratado titulado *Examen de las Santas Escrituras.* Nada permite sospechar de

la ortodoxia de Pablo de Santa María ni la de sus hijos. Había en el episcopado español, en su clero, en las órdenes monásticas, así como en la nobleza, muchos descendientes de judíos que profesaban el catolicismo con plena sinceridad.

No es fácil, se ve, decir *qué clase de España* y *qué clase de español* llegaba a América con Colón.

Sefarad, pues, en la conciencia y la expiación. "Liquidar sus bienes inmuebles y su tierra —dice Suárez Fernández— produjo grandes penas a los judíos. Se encontró en los cristianos modelos de mala voluntad refinada y ejemplos, también, de lealtad y afecto."

Una anécdota es relevante y exalta el nombre de una ciudad vasca: Vitoria. El 27 de junio de 1492 la municipalidad de esa ciudad recibió en sus manos el cementerio de los judíos comprometiéndose a reservar, como tierra de pasto, el área donde reposaron, durante generaciones, las cenizas de los antepasados de quienes, de nuevo, comenzaban otro éxodo. La promesa se mantuvo hasta hace algunos años, es decir, hasta que la comunidad judía de Bayona relevó a la ciudad de Vitoria de su convenio. Ello fue en reconocimiento a un hecho: a los 40 000 judíos salvados del holocausto nazi que encontraron refugio en España en los años de la guerra y la persecución del genocidio. Así se escribe la historia. Todo pasado es presente, pero cuando el pasado es una falsificación el presente es pura leyenda. Por eso hay que saber la importancia moral de aprender a dudar.

Un espectador único, excepcional, llamado Cristóbal Colón escribiría en su *Diario*, al comenzar el viaje "hacia las Indias", palabras que dan testimonio de esa gran crisis en la historia de los hombres. Él, pues, nos lo señala sin dejar de advertirnos:

> Así que, después de haber echado fuera a todos los judíos de todos vuestros reinos y señoríos, *en el mismo mes de enero* mandaron Vuestras Altezas a mí que con armada suficiente me fuese a las dichas partidas de las Indias, y para ello me hicieron grandes mercedes y me ennoblecieron que desde en adelante yo me llamase Don y fuese Almirante Mayor de la Mar Océana...

Recuérdese que señala algo asombroso: "en el mismo mes de enero". Recuérdese.

Salió a la mar desde el Puerto de Palos a 3 de agosto, viernes, de 1492. "Antes —dice— de la salida del sol como media hora..."

La leyenda del Colón sefardita o judío comenzaba con aquellas palabras sobre la expulsión de los judíos. Leamos a Simon Wiesenthal:

> ¿Por qué ordena Colón a los tripulantes que embarquen ya antes de la media noche? ¿Por qué atiende personalmente a que ello se cumpla? La orden va contra el uso de la gente de mar que antes de una larga navegación suelen permanecer en tierra al lado de la familia hasta el último momento. ¿Por qué esta vez no es así? La fecha en que inicia la empresa, 2 de agosto de 1492, da qué pensar. Por decreto de los reyes Isabel y Fernando, desde las doce de la noche del mismo día, ningún judío debe hallarse ya en territorio español. ¿Afecta quizá tal decreto a algunos de los participantes en la expedición? ¿Hay judíos a bordo de las naves de Colón? ¿Guarda relación su viaje de descubrimiento con la expulsión de los judíos? En suma, ¿es que la empresa colombina tiene que ver, de un modo u otro, con la persecución de los judíos? Al investigador se le aparecen, de un golpe, todas esas interrogantes que exigen una respuesta satisfactoria... [Del libro del erudito judío Si-

mon Wiesenthal: *Segel der Hoffnung (Die geheime Mission des Christoph Columbus) (Derrotero de la esperanza. La misión secreta de Cristóbal Colón)*. Cabe advertir que ésta sería la traducción directa del libro de Wiesenthal. En español, Ediciones Orbis, S.A., ha publicado el libro con este título: *Operación Nuevo Mundo. La misión secreta de Cristóbal Colón*. Dicho quede para evitar confusiones.]

IV. COLÓN, COMO LOS JUDÍOS, A LA HORA DE GRANADA

COMO bien se ve, la mención de Colón a la expulsión de los judíos es clara. ¿Le convierte ello en un sefardí, es decir, en un judío de origen español instalado con su familia en Génova por varias generaciones? Las palabras son equívocas, cierto, pero, ¿quién podría desconocer la imagen espantosa, doliente, de decenas de miles de familias huyendo hacia las costas o las fronteras de Portugal en las semanas previas al final del plazo señalado por el Edicto de Expulsión? No es preciso otra cosa que ver la crónica de ese hecho en los textos, contemporáneos, de Andrés Bernáldez, *el Cura de Los Palacios,* para saber que fue, sin duda, un acontecimiento impresionante:

> Abandonar el país de su nacimiento —dice Bernáldez— pequeños y grandes, viejos y niños, a pie o a lomos de asnos y otras monturas... Los unos caían, los otros se levantaban y ciertos morían y ciertos nacían... Sus rabinos hacían cantar a las mujeres y los jóvenes mientras tocaban el tamborín para reconfortar a la gente y es así como ellos partieron de Castilla...

¿Es extraño, pues, que lo recordara Colón? ¿Por otra parte, sería morisco por lo que dice en el comienzo de su relato sobre los moros?

> Porque, cristianísimos y muy altos y muy excelentes y muy poderosos príncipes, rey y reina de la España y de las islas de la mar, nuestros Señores, este presente año de 1492, después de Vuestras Altezas haber dado fin a la guerra de los moros que reinaban en Europa y haber acabado la guerra en la más grande ciudad de Granada, adonde este presente año [1492] a dos días del mes de enero por fuerza de armas vide poner las banderas reales de Vuestras Altezas en las torres de la Alhambra, que es la fortaleza de dicha ciudad, y vide salir al rey moro a las puertas de la ciudad y besar las reales manos de Vuestras Altezas...

De esos "vide" y "vide" no se habla o se habla menos. No obstante, debería ser igualmente significativo porque, en efecto, Colón estaba en esos días en el campamento de Santa Fe, a la vera de Granada: en el estado mayor de las tropas de asalto a la última fortaleza árabe en España. En síntesis, Colón fue testigo de esos dos enormes acontecimientos: *el fin de la Reconquista y la expulsión de los judíos.* Era difícil dejar de hablar de los dos casos y, sobre todo, por un observador directo de ambos. El "vide", esto es, "lo vi", adquiere una dimensión testimonial extraordinaria.

Es muy interesante, sin embargo, la observación, muy certera, de Wiesenthal. Se refiere a la equivocación señalada de Colón. Dice: "Así que, después de haber echado fuera a todos los judíos de vuestros reinos y señoríos, en el mismo mes de enero mandaron Vuestras Altezas a mí que con armada suficiente..."

El sobresalto de Wiesenthal es correcto. ¿Por qué hablar de *enero* si el Decreto de Expulsión *se firma el 31 de marzo?* El acuerdo entre Colón y los reyes, en el campamento de Granada (y de ahí su denominación como *Capitulaciones de Santa Fe)*, se firmó el 17 de abril en lo que yo he definido como la euforia del fin de la Reconquista.

Ahora bien, "¿cómo se explica esa aparente confusión de fechas? Sólo cabe entenderla de la siguiente manera, dice Wiesenthal: "Los preparativos para expulsar a los judíos estaban, ya en enero, tan avanzados, que eran del dominio público en la Corte..."

Es una explicación. No nos resuelve, totalmente, el problema. "Innegablemente —dice Suárez Fernández en *Les Juifs Espagnols au Moyen Age*—, la idea del exilio [de los judíos] estaba en el espíritu de los consejeros de Fernando e Isabel desde, al menos, 1483, inclusive si ellos mismos no habían definido la amplitud de la cuestión..."

Entre los "consejeros" estaban judíos conversos, con alto papel en la Corte, como Luis de Santángel, que serían muy propicios al viaje colombino, y sus financieros, y no es imposible que, en los momentos mismos en que, obseso y obsesionante, Colón presionaba para la firma de las Capitulaciones para hacer su viaje, tuviera noticias de que el tema de los judíos discurría, casi paralelamente al suyo, hacia la misma solución: *la firma de los reyes.* Aunque las consecuencias fueran muy diferentes.

El proceso judicial contra los Franco (sobre todo el judío Joseph Franco), acusados en 1490-1491 de haber cometido sacrilegios e inclusive crímenes religiosos rituales, tuvo, sobre las decisiones de 1492, alguna incidencia dramática aunque el fondo político gravitaba sobre cualquier otra proposición: que finalizada la guerra de Granada los reyes se aprestaron a inaugurar el *proyecto del Estado Nacional moderno excluyendo a todos los "diferentes". La afirmación colombina de enero y no de marzo se presta, indudablemente, a muchas interrogaciones. Los hechos comenzaban a ser públicos y notorios desde enero de 1492.* Coincidiendo, por tanto, con la conquista de Granada. No es inútil subrayarlo; es indispensable.

No hay que olvidar, además, que enero fue un enero histórico. "El 2 de enero de 1492 —dice Charles Verlinden en su *Christophe Colomb*— Granada capituló y Colón, formando parte de la procesión solemne, entró en la ciudadela después de la rendición."

El hijo de Cristóbal Colón, Fernando Colón, en su historia del padre *(Historia del Almirante)*, llena de fabulaciones por cierto, no aclara ese tema. De lo que no hay duda es que Colón firmó con los reyes las Capitulaciones que, desde el 17 de abril de 1492, le convertían, con Granada y la expulsión de los judíos como fondo, en *Almirante español.* Estuvo muy cerca de esos dos acontecimientos enormes.

Don Ramón Menéndez Pidal, autor de la vida y los tiempos del *Cid Campeador*, filólogo y paleógrafo ilustre, en un ensayo extraordinario —*La lengua de Cristóbal Colón*— no deja la menor duda sobre el Almirante. Su lengua, sus escritos, sus textos, sus voces, sus palabras, son las de un *genovés universal* que no tenía, en la raíz de su lengua —aunque el primer idioma escrito que manejará Colón sea el español— la menor referencia al sefardí, es decir, al idioma hablado por los judíos de la diáspora de la Sefarad por el mundo. España, patria de elección final de Colón, no fue, en su origen, esa Sefarad. Menéndez Pidal (al contrario de Salvador de Madariaga) no duda en decirlo en su famoso ensayo:

> A los débiles o fantásticos indicios del judaísmo de Colón no puede añadirse el del lenguaje. Éste no se parece en nada al de algún texto judeoespañol que conocemos del siglo XVI, como el testamento de un judío de Alba de Tormes fechado en 1410...

V. EL 18 BRUMARIO DE ISABEL DE CASTILLA: SU GOLPE DE ESTADO

UN DÍA le preguntaron a la princesa María Bonaparte, famosa en Europa por haber sido discípula de Freud y, posteriormente, como Lou Andreas Salomé, una de las grandes psicoanalistas del grupo (en París y Viena), en qué fecha podría decirse que nació la *Casa Bonaparte.* Sin titubear, tomando el toro por los cuernos, su contestación fue inequívoca: "Es muy sencillo, la Casa Bonaparte nació el 18 Brumario."

En el marco de la ciencia política, el 18 Brumario (9 de noviembre de 1799) es el golpe de Estado —sable contra Asamblea— con el cual se inicia la conquista del poder por Napoleón Bonaparte.

Con Karl Marx aquel golpe de Estado recobra toda su identidad morfológica, toda su tipología específica y clásica al redefinirse como estilo, disposición, características y significaciones, en un nuevo *18 Brumario,* es decir, en el golpe de Estado dirigido contra la República por el príncipe Luis Napoleón Bonaparte en 1851, es decir, cuatro generaciones más tarde. En efecto, este descendiente de aquella gran familia, entonces presidente de la República francesa, se transformaría, como consecuencia del golpe de Estado de la noche del 1 al 2 de diciembre de 1851, en emperador de los franceses.

A ese cambio, que supuso, bajo las espadas, y en la nocturnidad, el encarcelamiento de todos los diputados de la oposición —Victor Hugo, avisado, pudo huir antes de que la policía llegara a su casa— se le conoce, por la vía mediática de Karl Marx, *como un nuevo 18 Brumario: el de Napoleón III.*

En el siglo XIX ese texto de Marx apenas fue leído. La lectura, apasionante y resplandeciente de aquellos hechos, se traspasó a la pluma de Victor Hugo, cuyo panfleto, terriblemente demoledor, *Napoleón le Petit,* sería, primero, el mayor anatema literario que cayera sobre el nuevo emperador y, en segundo lugar, la razón por la cual el exilio de Victor Hugo duró desde el 11 de diciembre de 1851 al 1 de febrero de 1870, esto es, hasta la caída del Imperio. De todas las maneras fue Marx quien codificó, en las categorías políticas, el 18 Brumario como el proceso histórico de ocupación y usurpación del poder en un momento crítico de la historia.

El 18 Brumario de Isabel de Castilla acontece el 13 de diciembre de 1474, es decir, unas horas después de la muerte de su hermanastro, Enrique IV —que muere el día 12—, al proclamarse, ella misma, en la amurallada hermosura de la ciudad de Segovia, reina de Castilla. Nobles y ciudadanos, obispos y clérigos, cristianos, moros y judíos se encontraron, en suma, ante el fait accompli, *ante el* hecho consumado.

Es la primera vez en la historiografía moderna, que yo sepa, que se asocia el ascenso de Isabel de Castilla a la significación histórica, en orden a la ciencia política, del 18 Brumario. No tiene, ni posee, este análisis, una connotación "negativa". Permite una reflexión crítica distinta. Facilita un acercamiento, no sacramental, a la personalidad política y ética de Isabel de Castilla. No es una santa: *es un duro hombre de Estado.* Se verá.

VI. LAS CARACTERÍSTICAS DEL "GOLPE" DE ISABEL DE CASTILLA (HASTA 1494 NO SERÍA ISABEL "LA CATÓLICA")

ENRIQUE IV murió en Madrid el 12 de diciembre de 1474. Le acompañaba el mote de *el Impotente* que, en orden a su caso, conllevaba, en su tiempo, una connotación infamante.

Desde Madrid a Segovia, a caballo, partió una misión para informar a Isabel de Castilla, media hermana del monarca fallecido. Frío estepario en la meseta cuando Rodrigo de Ulloa, envuelto en una gran manta de trenzado negro y oro, explicó a Isabel dos cosas. Primero, que la señora muerte había llegado al alcázar madrileño y, segundo, que la Junta de Nobles había tomado la decisión de suspender cualquier acto sobre la sucesión —enconada y enojosa como se verá— en tanto que no se resolviera, según el derecho, a quién correspondía el trono. Los nobles de Castilla, levantiscos, divididos en banderías, enfrentados entre sí —*cristianos*— y ante los moros —*musulmanes*— querían conservar sus privilegios frente al poder real. Ser, en suma, los factores de cualquier alternativa. La nobleza, en otras palabras, *quería ser la última palabra.*

Isabel de Castilla tenía entonces 23 años y ocho meses. Había nacido en un pueblo hermoso, de azules cielos y castillos enhiestos: Madrigal de las Altas Torres era su nombre. Sobrado el saberlo; necesario el decirlo. Juan II de Castilla, su padre, le dio al pueblo, a la hora del nacimiento de la princesa, referencia ritual y retórica: "Fago vos saber que por la gracia de Nuestro Señor, este jueves próximo pasado, la Reina doña Isabel, mi muy cara y muy amada mujer, encaesció a una Infanta..."

Según esas cuentas, dado que el mensaje real se dio a conocer el lunes 22 de abril de 1451, la nueva infanta —que desde 1494, según la bula que el papa Alejandro VI firmaría en ese año, tendría derecho, al igual que su marido, Fernando, rey de Aragón, a ostentar el título de *Reina Católica* y los dos se denominarían *los Reyes Católicos*— vino al mundo el 22 de abril de 1451. En ese mismo año (entre varios años a elegir y varias naciones por optar porque así sería de difícil su biografía) nació, también, Cristóbal Colón. No es un dato indiferente; es parte de la historia. Como pensamiento, acaso, antes que acto.

Isabel de Castilla, después de haber oído al caballero Rodrigo de Ulloa y sus acompañantes, tomó la decisión sabida del *18 Brumario: proclamarse, sin más, reina sucesora.*

Castellanos y aragoneses dudaron. Los últimos le rogaron que, cuando menos, esperara la opinión de su esposo —el rey Fernando de Aragón—, que estaba, por aquellos días, en su reino. Isabel de Castilla, ojos azules de color pálido, cabello rubio, gesto severo, gruesos párpados —así nos la cuentan sus cronistas y algunos de los retratos—, no se volvió atrás: *el golpe de Estado iniciaba, en la Castilla convulsa, un viaje hacia otra lectura: la creación de un reino amansador de nobles y obispos levantiscos. Ella no lo sabía por entonces. No dudó en meterse en la gresca.*

Las ciudades castellanas, al saber la nueva, definen, con la democracia de los actos, su posición: Ávila, Valladolid, Tordesillas, Toledo —el Toledo judío que era capital de una cultura hebraica que había dado sabios y sinagogas, rabinos ilustres y una sociedad mixta asombrosa— con el País Vasco votaron por ella. "¡Viva la reina!" El grito no se oye en Burgos, tampoco por Zamora, y el historiador Joseph Pérez nos dice, secamente, "que la mitad del reino quedó a la expectativa o en la hostilidad".

El conflicto venía de atrás: de las convulsiones entre las ciudades que comenzaban a vivir un futuro urbano que acaso era un reclamo "republicano" inicial. La nobleza y la Iglesia, a su vez, con el pretexto y el ardor de la Reconquista, reclamaban tener a los reyes bajo su mano y control. ¿No había sido así durante el reinado de Juan II? ¿No había tenido el propio Juan II un valido, un favorito, como el condestable Álvaro de Luna que estuvo al frente del reino? En los reinos moros inmediatos, en la España (la Sefarad de los judíos) se hablaba corrientemente de wali *por valido, y se pedía al Señor, por intercesión de Mahoma, un protector* (wali) *y, a su vez, un defensor* (nasir) *"elegido por ti, Allah".* Es cierto, a su vez, que la nobleza castellana, coligada, terminó con el poder de Álvaro de Luna y le llevó al cadalso. El propio Juan II tuvo que firmar la sentencia y ver la ejecución de don Álvaro. Duro oficio el de rey. *Nunca se cesa de vomitar sobre sí mismo.*

En el lenguaje político, premonitorio, se dijo que el favorito, autoritario y autócrata, quiso someter a la nobleza y los clérigos. La batalla, sin su cabeza, quedó en suspenso. Isabel de Castilla la recuperaría, de las cenizas medievales, casi intacta.

Lo cierto es que su padre, Juan II, que en primeras

nupcias casó con María de Aragón, tuvo con ésta un hijo: el príncipe Enrique que, como antes se dijo, sería llamado *el Impotente.*

Isabel de Castilla era hija, pues, del mismo monarca: Juan II. Éste, de blando genio y con pocas ganas de meterse en el duro oficio de gobernar (de ahí Álvaro de Luna y el cadalso al que, en nombre de la nobleza, tuvo que llevarle el propio rey), se casó, en segunda ocasión, con Isabel de Portugal. Con ella tuvo a Isabel y al príncipe Alfonso. *Por delante de ellos, como heredero legítimo, Enrique (el IV) sucedería a su padre a la muerte de éste. El fallecimiento del monarca acaeció en 1454. Cuando Isabel, pues, tenía tres años.*

Enrique IV ha sido desentrañado a capricho. El doctor Marañón, famoso endocrinólogo e historiador, ha intentado, en un ensayo notable, definir quién fue, en el destino biológico del sexo, aquel monarca hedónico, placentero y desdichado, que tuvo que vivir, en la carne, la descalificación sexual y el mote, casi secularizado, de la impotencia.

Marañón, generoso y obstinado, varón metódico, médico sensible, investiga y duda. Sabía, como hombre liberal, que las infamias, que preceden a los nombres, no siempre son verdad y que la nobleza levantisca quería reyes débiles; vencidos. Capro emissarius, *chivo expiatorio, en síntesis, fue Enrique IV. Es verdad que trabajó, por no trabajar, en ganarse la infamia. Dejémosle en la duda metódica: kantiana.*

Pero lo cierto es que, desde su boda con Blanca de Navarra, con su sexo sometido a permanente revisión y escarnio, el monarca estuvo entre la espada y la pared. Doña Blanca —nada de blanca paloma— declaró después, en un proceso, que desde el desposorio había sido virgen *"tal cual había nacido"*. Fue causa de nulidad, el matrimonio, después del "examen". En realidad Enrique IV se defendió, como macho lascivo, diciendo que en los burdeles podían decir que él no fallaba. Nadie sometió a examen a las mozas de la fronda. Si había o no había "folgado" con ellas, el caballero no pudo presentarlas como prueba eficiente ni, tampoco, a sus amantes y cortesanas; que las hubo. En realidad lo evidente es que el matrimonio, como todos los dinásticos de la época, fue hecho para atender demandas políticas: con Navarra, para mantener las fronteras de Castilla en el Norte; con los portugueses de la Corona lusa, para sostener el equilibrio o la fusión de los reinos; con Aragón, para planear la unidad de España si ello se podía definir así cuando, aún, gran parte de la Península seguía siendo el espacio, geoestratégico, de los reinos árabes en ella establecidos.

En suma, desde esa dolencia del bajo vientre vino a nacer una situación que convertiría el 18 Brumario de Isabel de Castilla en un tema delicado de política y en el origen del *coup d'État* de 1474.

En efecto, después del infortunado proceso que tuvo a doña Blanca de Navarra de protagonista —"virgen corrupta"— Enrique IV matrimonió con la hermana del monarca portugués Alfonso V. Se llamaba su esposa, y prima en la sangre, Juana y, por tanto, Juana de Portugal. De los retratos que nos quedan de ella resalta su hermosura, el bello rostro malicioso, la mirada viva que va más allá de las cosas. Se dijo que era alegre y muy desenfadada: como el séquito de portuguesas, desenvueltas y libres, que la acompañarían a Castilla —la severa— para estar a su lado en los festejos, inacababes, de los desposorios.

Enrique IV, que se desgastaba en decenas de aventuras eróticas (no exentas, se dijo, de homosexualismo, en varios casos, y así se murmuraba), quizá para *probarse* o quizá para *provocar y escandalizar,* prometió a la nobleza y la Iglesia que se enmendaría. Entró en la guerra santa contra los "infieles" musulmanes que retenían, aún, parte de Andalucía con el reino de Granada. La "guerra santa" *(djihad* en nuestros días, pero esa palabra árabe también retiene, *entre sus connotaciones, el significado de "lucha" o "esfuerzo", pero "hacia Dios")* de Enrique IV no terminó, como pensaba el papa Calixto III cuando le concedió la *Bula de la Cruzada* en 1455, con la conquista de Granada. Esa empresa le iba a quedar, como tarea, a Isabel de Castilla.

Voluble, hecho de tentativas incumplidas y gozos sexualizados en el cesto del agua derramada, Enrique IV iba a vivir, aún, el gran dilema del nacimiento de una infanta, hija de su última mujer legítima. La infanta se llamó Juana, como la madre. La bautizó, solemne, el arzobispo de Toledo. ¿Quién detiene a las lenguas? Las lenguas siguieron escribiendo en el lodo. *Aún se persignan.*

La princesa Juana, en pila bautismal, tuvo, entre los testigos, a la hermanastra de Enrique IV: Isabel de Castilla. Tenía ella, entonces, 10 años. Su madre, desde niña, le había dicho: "Tú serás la reina."

El nacimiento de Juana fue un tema para la indecencia del lenguaje popular. Pronto, como la lava, le apellidaron, a Juana, *la Beltraneja.* Apellido mordaz que nacía del hecho de que el nuevo valido, el nuevo favorito del reino, Beltrán de la Cueva, fue acusado de ser su padre; no el rey. Las murmuraciones palaciegas y el concierto paralelo de la repetición —"el yo sólo sé que no sé nada"— insistieron: el padre es don Beltrán; luego Juana es *la Beltraneja.*

La princesa Isabel de Castilla, madrina de la niña Juana en el bautismo, con la marquesa de Villena, supo que tenía en sus manos un arma: *el arma de la implacabilidad. Isabel de Castilla sería, en ese asunto, como el pueblo bajo, repetidor de infamias, implacable.*

Su madre, la reina Isabel de Portugal, alentó su protagonismo; su majestad indudable; su liderazgo cierto. Cuando en 1473 Enrique IV, voluble pero no exento de generosidad y de cierto apetito de grandeza, se reconcilió con su media hermana en Segovia, abrió las puertas para la hoguera del futuro.

Esa reconciliación, en 1473, se hizo a la luz pública, es decir, el rey fue a buscar a su hermanastra al alcázar y delante de ella, que iba a caballo, llevó las riendas. Él llevaba la corona, ella la silla del alazán; él condujo el caballo, parsimoniosamente, para demostrar a los segovianos, guardados de los moros —moros, cristianos y judíos, las tres grandes comunidades de Castilla— por sus murallas de piedra y sus yelmos de hierro, que no guardaba ningún rencor al otro tronco nacido de su padre. *Un año después Isabel se declaraba reina frente a* la Beltraneja.

Cabe decir que Enrique IV había defendido el nombre de su hija Juana por todos los medios. Pero los nobles, sabiéndole débil, le obligaron, en uno de los más innobles actos de soberbia y escarnio que pueda efectuar una clase poderosa: a desheredarla públicamente y a proclamar sucesora, en el acuerdo de las Torres de Guisando, en 1464, a su hermanastra Isabel. Era tanto como confesar la ilegitimidad de Juana en el lecho matrimonial. El monarca, acorralado, firmó el pacto. Luego se desdijo insistiendo en su paternidad: *en la legitimidad; en el honor.* No se defienden la legitimidad y el honor sólo con discursos.

Tiempos del cólera; no del amor en los tiempos del cólera. En otras palabras, Enrique IV, que llegó inclusive a ser destituido como monarca en 1465, no tuvo la existencia fácil. "Holgó", cierto, pero pagó por ello un precio inusitado y, bajo la piel de las murmuraciones y el sexo, aparecía, emergente, verdadera, intacta, la lucha de las clases nobiliarias que querían, frente al Estado, del Estado, el mayor pedazo del pastel. Y no hay pastel mayor que el del privilegio. *Privilegio* significa, etimológicamente, *derecho privado.* ¿Qué más decir? La limitación democrática al poder arbitrario no ha sido otra cosa que permanentes limitaciones al *derecho privado.* Sobre esa batalla se ha construido el proyecto de la democracia: limitar el Poder; someterlo al imperio de la ley.

La idea de que en Castilla podía surgir el primer Estado nacional por la maduración de sus ciudades y la aparición de un tipo de sociedad medio urbana forjada en la lucha contra los "conquistadores" musulmanes, no era considerada, por la nobleza, como un bien.

Querían reyes débiles. Por eso, para deslegitimar todo pleito sucesorio, primero le hicieron desconocer, a Enrique IV, a su hija e inclinarse por Isabel, para más tarde, a su vez, obligarle a reconocer como sucesor —30 de noviembre de 1465— a su hermano Alonso. Su reinado se expresó, pues, en una crisis social permanente. Su muerte fue, para él, liberadora. Dejó, tras sí, un enorme avispero: *como todo gobierno deslegitimado.*

Se comprende, pues, que a la muerte de Enrique IV, en la ciudad de Madrid, la nobleza y el clero pidieran tiempo y espacio para ponerse de acuerdo y decidir, por sí, el destino de la Corona. Isabel de Castilla, aún sin el consejo de Fernando de Aragón (que pasa por ser el ejemplo del *príncipe maquiavélico* para Maquiavelo, es decir, el ejemplo del hombre de Estado) entró en la historia, por tanto, con *un golpe de Estado técnico.*

VII. UNA REINA A CABALLO EN LA HISTORIA

CUANDO el rey regresó a Castilla sería él mismo, esto es, el propio Fernando de Aragón, quien *la reclamará* por su decisión "independiente". No había duda de ello: *apenas se habían celebrado los honores fúnebres por el rey muerto, con la plaza mayor de Segovia llena de un gentío curioso, cuando ella misma se declaró "reina propietaria de los reinos"*.

Ni las reclamaciones, para salvar su honor de varón, de Fernando de Aragón ni las protestas, éstas por otras razones, de los nobles como el marqués de Villena (padrino, en la ceremonia bautismal, de Juana *la Beltraneja)* cambiarían su decisión. Ella era "reina y propietaria de estos reinos". El cardenal Mendoza se puso a su lado. Dirá que lo hizo para "sosegarla". Isabel, indiferente, continuará su *18 Brumario* escribiendo, el 16 de diciembre de 1474, una carta reveladora a las ciudades. En ese texto explica *que ella es la heredera legítima y universal, como legítimo es su marido.*

Al día siguiente del 18 Brumario del futuro Napoleón I —9 de noviembre de 1799—, es decir, el 19 Brumario o 10 de noviembre, la Asamblea de Ancianos, recluida en Saint-Cloud, y la Asamblea de los Quinientos, amurallada en la Orangerie, proclamaron que Napoleón Bonaparte, nombrado comandante militar de París, había quedado "fuera de la ley". Horas decisivas para las espadas. Finalmente se consiguió, *manu mili-*

tari, imponer la decisión y se nombraron tres cónsules. El primero será Bonaparte, el segundo el abate Sieyès y el tercero Roger Ducos. Era evidente, o lo sería muy pronto, que no existiría nada más que un *primer cónsul*. El 19 Brumario de 1799 muere la República y, aunque el Imperio no se fundará hasta 1804, el futuro emperador, entronizado en el Consulado, no podía ser otro que el general Bonaparte. El *bonapartismo* entraba, con nombre propio, en la ciencia política. Marx, en el segundo Brumario del otro Bonaparte emperador, nos regalaría el análisis.

El 13 de diciembre de 1474 el primer cónsul de Castilla iba a ser Isabel. Muchos de los nobles que obligaron a Enrique IV a desheredar a *la Beltraneja* (se ve, claramente, que sus intenciones eran otras), autorreconociendo su "impotencia", se levantaron contra la autoproclamación de Isabel de Castilla agitando la bandera en favor, como reacción, de la princesa del mote infamante. El rey de Portugal, Alfonso V,* enviará sus mesnadas a Castilla en favor, también, de *la Beltraneja* e inclusive se casará con ella, en 1475, para reivindicar sus derechos e impedir, finalmente, que en la frontera de Portugal se consolidara o existiese un reino fuerte: *el castellano*.

El rey de Aragón, esposo legítimo de Isabel de Castilla, descendiente directo de los Trastamara, no dudó en decir que, en caso de disputa por la corona de Castilla, era él, y no su esposa, quien debía ser el heredero. Además, ¿las mujeres no estaban excluidas de la sucesión? Pero cuando llegó a Segovia, el 2 de enero de 1475, el *fait*

* Alfonso V (1432-1481).

accompli se había cumplido. Las cartas, en suma, arrojadas. Isabel había cruzado el Rubicón, y la nobleza castellana le señaló, al aragonés, que en el derecho público de Castilla las mujeres no estaban excluidas de la sucesión. Viejo pleito: *supermoderno*. *"Acoso sexual"*, *libertad-igualdad*.

Tendrá que efectuarse un acuerdo resonante, pacificador, entre los esposos. Ese acuerdo se conoce como *Concordia de Segovia* y se firma, en esa ciudad de murallas y cielo deslumbrante, de cristal azul, el 15 de enero de 1475. La *Concordia* significará un ordenamiento constitucional que implicará el "tanto monta, monta tanto, Isabel como Fernando".

Eso en el terreno de las anécdotas. En el área de las categorías políticas, todos los documentos oficiales, según el convenio establecido, que llevarán en sus manos, para su público reconocimiento, el cardenal Mendoza y el arzobispo Carrillo, implicarán la necesidad de las dos firmas: la del rey de Aragón, *primo*, y la de la reina de Castilla, *secundo*. A continuación los sellos de las armas de la reina, primero, y los del rey, a su vez, después, para que un documento fuese legal. Los historiadores de la prisa por "la unidad" dirán que ahí nace la *unidad española*. La unidad es tema más complejo, pero apenas cabe duda de que el Estado nacional incipiente iniciaba, *en la guerra civil, no se olvide, su discurso político*.

En 1476 Fernando de Aragón vence a los portugueses y poco después a los franceses que, a su vez, por el Norte, en Navarra, pretendían obtener su parte en el botín. Los cristianos no daban el mejor buen ejemplo a los musulmanes ni a los judíos que, aún, esperaban.

Los musulmanes como señores, todavía, de una parte de España; los segundos instalados, al tiempo, entre moros y cristianos como intermediarios de técnicas y saberes profesionales. En síntesis, el drama religioso, el drama del destino, trascendente, del hombre —cristianos, moros y judíos proponían un solo Dios en la España conviviente y exaltada por el discurso absoluto del "otro"—, ocuparía un espacio único en la inmensa querella. Hasta nuestros días secularizados, pero también integristas y fundamentalistas.

Por otra parte, la reina Isabel sabía bien que Juana *la Beltraneja*, pese a todo, era una opción legítima. Ella, Isabel, comienza, pues, con una ambición. Negarlo es jugar a los santos de cera.

VIII. COLÓN ENTRA EN EL JUEGO

En 1479 la guerra civil terminaba en Castilla. El golpe del 18 Brumario, no con un primer cónsul, sino ya con dos cónsules, Fernando e Isabel o Isabel y Fernando, triunfaría en toda línea. Se olvida que así se comenzó: *con una gran querella de intereses.* Después se "santificaron" sobre la sangre derramada; como siempre. Por eso el historiador que retrocede ante lo "sagrado" traiciona a su pueblo.

En 1479, por el Tratado de Alcacovas, Alfonso V reconoció, frente a la utopía de *la Beltraneja,* la monarquía de los reyes de Castilla y Aragón. No tuvo elección.

Terminada la pretensión sobre España, Alonso, esto es, Alfonso V, dedicó sus energías a la otra gran empresa: *África.* Cuestión central para un viajero que, con lecturas y sucesos múltiples, pensaba en los grandes océanos: Colón.

En efecto, en esos mismos años de la guerra civil en Castilla, y de la guerra internacional con Portugal, un joven náufrago, Cristóforo Colombo, llegaba a nado, después de un naufragio ante las costas lusas, a la capital de Portugal: a Lisboa. En el momento mismo en que Portugal señoreaba y presidía la aventura de África y del Atlántico y eran famosos sus marinos.

Portugal no acaba de nacer a la navegación mundial. Al contrario, había precedido a España, y un hombre, complejo, polémico y, en muchos aspectos, admirable,

Henrique *el Navegante*, hijo de Juan I (João I), se iba a transformar en el centro de gravitación de la aventura lusitana de los mares. Los eruditos lusos no dudan en decir que es una de sus "figuras mais discutidas da historia de Portugal". Ello es cierto. En la *Crónica de Guinea (Cronica da Guine)*, Azuzara inicia su mitificación convirtiéndolo en un príncipe de la fe, en un guerrero arrojado, en un perseguidor de los infieles, pero los *infiéis*, ¿quiénes eran? Todos los que no eran cristianos. La idea de la cruzada estaba presente, pero también su carácter económico. La conquista de Ceuta lo probaría, y no existe duda de ello para Antonio Sergio y Jaime Cortesão en su ensayo sobre Henrique *el Navegante* y su universo de Sagres.

En efecto, la *Escola Náutica de Sagres* fue un lugar de análisis y recuperación de las memorias de los navegantes. En un viaje que hice a Portugal, con el editor portugués de alguno de mis libros, llegué hasta allí: hasta Cabo Sagres. La roca se hunde, como la proa de un barco negro, en el Atlántico. Es un lugar admirable para meditar en el destino de la navegación. Hizo bien el infante en formar allí mismo su academia náutica. Nunca olvidaré ese paisaje.

Henrique *el Navegante*, desde Ceuta y Tánger, pensó, también, en el Mediterráneo y en la creación de un imperio comercial. La mitificación hizo de él, solamente, *el santo y el científico, el guerrero y el creyente*, pero la aleación de que estaba hecho el infante portugués es muy compleja. Moderno, en muchos aspectos, haría posible la aparición, en la Universidad de Lisboa, de las cátedras de matemáticas y astronomía. En muchos sentidos, con él se inicia una perspectiva distinta del mundo.

Madariaga, biógrafo de Colón, dice, no sin lucidez, que João I nombró a su quinto hijo algo así "como ministro de Marina en términos contemporáneos". Lo cierto es que todo ello tendría influencia indudable sobre el futuro.

En síntesis, el náufrago de las múltiples biografías y las múltiples vidas, Cristóbal Colón, llegaría a tierra portuguesa cuando la Península ibérica iba a iniciar, también, su aventura marítima universal y cuando Isabel de Castilla, sin la menor piedad, con una dureza impresionante, terminaba su 18 Brumario exigiendo de los portugueses, nada menos, que Juana *la Beltraneja*, pieza a despiezar para todos los ambiciosos, fuera encerrada en un monasterio. A canto y piedra o piedra sobre piedra.

Los portugueses, más generosos —aunque el matrimonio de Juana con Alfonso V, matrimonio político en la guerra civil, no se había consumado y tuvo que ser anulado—, pidieron que, cuando menos, se la reconociera el título de princesa y se casara con el hijo de los reyes de Castilla y Aragón.

Elíjase la profecía o el fuego; el Estado o la utopía; los intereses o las intenciones; las creencias o los sepulcros blanqueados. Será lo mismo: el golpe de Estado de 1474 no dejaba la menor posibilidad para un tercero. *La Beltraneja* lo sufriría. Isabel de Castilla no fue una dama de sacristía.

En efecto, Juana *la Beltraneja*, sabiendo la animosidad de Isabel y viéndose perdida, entendiendo, de sobra, que el acuerdo para casarse con el príncipe Juan, hijo de Isabel y Fernando, no se cumpliría nunca, decidió lo esperado. Ella misma, Juana, infanta de las inmisericordias, optó por ser monja en el convento de las clarisas en Coimbra, Portugal. El historiador Joseph Pérez nos proporciona un seco memorándum sobre la sensibilidad humana y política de Isabel. No nos engañemos sobre su hermosa leyenda de reina de la justicia. Era un hombre del poder. Su idea del Derecho comenzaba en *su* propio Derecho. Doña Juana *la Beltraneja* lo sabría. Joseph Pérez no nos deja sin respuestas. Helas aquí:

> Pero aún así no escapó a la vigilancia de la reina Isabel. Ella exigió que en la ceremonia de profesión religiosa estuviera presente una persona de toda su confianza, su confesor Hernando de Talavera, para averiguar que las cosas seguían su curso normal y no quedara ningún resquicio jurídico que permitiera a doña Juana romper sus votos. Hay más: como se enteró de que la princesa salía de vez en vez del convento con diversos pretextos (enfermedad, riesgo de epidemia...) Isabel exigió del papa Sixto IV —y la obtuvo en 1484— una bula que obligara a doña Juana a permanecer encerrada en el convento. Más que todos los argumentos —prosigue el historiador citado—, esta obstinación de la reina Isabel constituye la prueba de que, al menos para ella, dona Juana era efectivamente la hija legítima del rey Enrique IV y, como tal, heredera del trono de Castilla... En caso contrario, después de su victoria política y militar, Isabel no se hubiera ensañado tanto...

Doña Juana, en el convento, firmaba: "Yo, la reina." Murió en 1530, es decir, el año en que el papa Clemente VII coronó emperador a Carlos V, padre de Felipe II. Sobrevivió, por tanto, a todos los protagonistas de su calvario. Pero encerrada. Una celda fue su reino; Enrique IV fue su padre.

Sórdido destino el de *la Beltraneja*. Lo cierto es que, en ese tiempo lleno de pesares, conflictivo, llegó Cristóbal Colón a Portugal. ¿Cuándo? Entre 1475 y 1476. Todas las investigaciones y fantasías chocan, una vez más, con la imposibilidad de la comprobación. Su presencia en la flota del francés Guillaume de Casenove, apodado *Coullon* (Colombo *el Viejo*), que libró un combate con otras galeazas, hecho que determinará el naufragio de Colón y su aparición en Portugal, constituye una historia posible (relación mítica con un *Coullon* célebre en el Mediterráneo) o una historia ficticia, inventada. De una forma u otra, unos meses antes o unos meses después no hay duda: entre 1475-1476 Colón, el genovés, está en Portugal. Batalla o naufragio, desembarco o lucha con el mar: a manos desnudas. De lo que no hay duda es que Cristóforo Colombo, el *Cristo ferens*, el Portador de Cristo, se aferra a las rocas de Portugal en un periodo que reclamaba a los inventores de las utopías.

No conoció Colón, es patente —no se une nunca a los perdedores—, a Juana *la Beltraneja*. Sí conocerá, en un convento de Lisboa, adonde todas las mañanas iba a escuchar misa, a una dama de alcurnia: *Felipa Moniz de Perestrello*. ¿Sabía que en el convento esas damas, curiosas, ávidas, miraban a los devotos? ¿Quién era ese seductor, alto de cuerpo, blanco y sonrosado de rostro, de cabello rojizo y ojos garzos que estaba serio y presente, ante el altar, cada día? Felipa Moniz, descendiente de Bartolomeu Perestrello (o Perestrelo según la fórmula portuguesa del nombre), fue un personaje de la corte portuguesa. Empresario de la colonización, hijo del italiano Filippo Perestrelo (o Pallastrelli dicen otros autores), Bartolomeu se dedicaba al comercio en Lisboa y llegó a establecerse en la isla de Porto Santo, en 1428. Henrique *el Navegante,* inteligente, le donó la isla, en 1446, para que la explorase y cultivase. En el acto de donación se dice que el tal Perestrelo era "cavaleiro da Casa do Infante". De ese noble tronco procedía doña Felipa Moniz. El gran seductor (porque ésa es una de las características en el complejo retrato de Colón) se casó con ella. En su década portuguesa Cristóbal Colón se integrará en otra familia del mar y de las mareas.

IX. COLÓN: EL HOMBRE QUE NUNCA EXISTIÓ

EN 1892, en la conmemoración del Cuarto Centenario del Descubrimiento, Encuentro o Desencuentro con América, hubo una exposición de retratos de Cristóforo Colombo en la ciudad de Chicago. Se reunieron 71 cuadros. Entre ellos estaba el más famoso: el de Sebastiano del Piombo. Ninguno de ellos era auténtico.

Así comienza, en la despedida del mundo medieval, en el fulgor inusitado de la incertidumbre y la certeza del Renacimiento, una de las más deslumbrantes historias de la imaginación moderna: *la vida de Cristóbal Colón.*

No existe ningún retrato del Almirante de la Mar Océana, dice Gianni Granzotto, uno de los numerosos biógrafos de Colón, "que se haya realizado durante su vida. Ningún pintor contemporáneo le ha tomado por modelo y todos los escritores que escribieron sobre él comenzaron a hacerlo varios decenios después de su muerte..."

Asombrosa metáfora, pues, de la ocultación simbólica y perfecta. Asombrosa, sobre todo, *para un hombre que, por sus obsesiones, imperio, capacidad de seducción, presencia, arrogancia, misterio, perdurabilidad en la memoria, potencia anímica, dones proféticos, ambiciones desasosegadas y desasosegadoras, revelaciones antitéticas, como el agua y el fuego, debería haber incitado al dibujo, al retrato, al cuadro perpetuador y relevante. Pero no hubo nada de eso. Sólo el vacío y las metáforas.*

Nada. "Entre las 71 obras pictóricas de la Exposición de Chicago —añade Granzotto—, no había una sola que recordara a la otra."

Fue Cristóbal Colón hombre cercano a los reyes, a los príncipes, a los clérigos, a los visionarios, a los marinos, a los laneros y tejedores, a los caminantes y los trotamundos. Pasó por espacios de esplendor, miseria, persecución, burla, soledad; siempre, a su lado, el orgullo. Se dirá el elegido. Suyo fue el porvenir. También esta frase inquietante: "Le encontrarán todo muerto, cerca del lecho y del banco."

Así dejó anunciada, en una de sus notas secretas, Nostradamus, una muerte. Se refería, en tercera persona, a la suya propia: a su muerte. Se refería a él mismo. Le hallaron, en la mañana del día 1 de junio de 1566, *a la vera del lecho y del banco,* en su habitación. Murió en la noche. Se confesó, antes, con el padre Vidal y éste, que por ello pasaría a la historia, le administró los últimos sacramentos. Todavía intentamos saber, hoy, quién fue Michel de Nostradame. Nació en 1503 —tres años antes de que muriera Colón— y sabemos todo lo posible de su vida. Su padre era notario en "la bonne ville de Saint-Rémy-de-Provence..."

También sabemos casi todo lo que es posible, en lo concreto y lo efímero, en lo eterno y lo mudadizo, de Cristóbal Colón. No obstante, como en los cuadros, se evapora y se escapa, nace y muere frente a nosotros. Nos invita y rechaza: le seguimos y es él quien nos sigue. Nostradamus al fondo.

Hay un Colón griego; un Colón de Londres (hasta eso); un Colón portugués (el fantástico de Zarco); un Colón francés; un Colón gallego (el fantástico de García de la Riega); un Joan Colón catalán (la tesis del bibliotecario peruano Luis Ulloa); un Colón de Calvi, en Córcega. En la Calvi *semper fidelis* donde los corsos de origen genovés le inventaron lápida en casa derruida e incluso pusieron, en las piedras, el nombre del navegante. También hubo un Colón italiano de múltiples ciudades, desde Piacenza a Savona; un Colón judío (no sólo a través de la pasmosa pluma de Salvador de Madariaga); un Colón, un Colono, un Colombo, un Coullon...

Hasta su nombre de pila, *Christophorus, Cristo ferens,* el Portador de Cristo, da ocasión a la cábala, la cifra. Simon Wiesenthal, investigador judío, insiste:

> El nombre de Christoforus —portador de Cristo— era adoptado por numerosos judíos al bautizarse. Algunos ponen en relación tal uso con el origen del descubridor de América. Esas especulaciones con su nombre van aún más lejos. Se ha hecho hincapié en que Colombo significa paloma, símbolo del Espíritu Santo y el acta de bautismo para la Iglesia Católica...

Su firma, como un encuentro con la historia, el ocultismo o lo mágico, adorna como imperativo, lo excepcional. Éste es su triángulo, su signo; su firma.

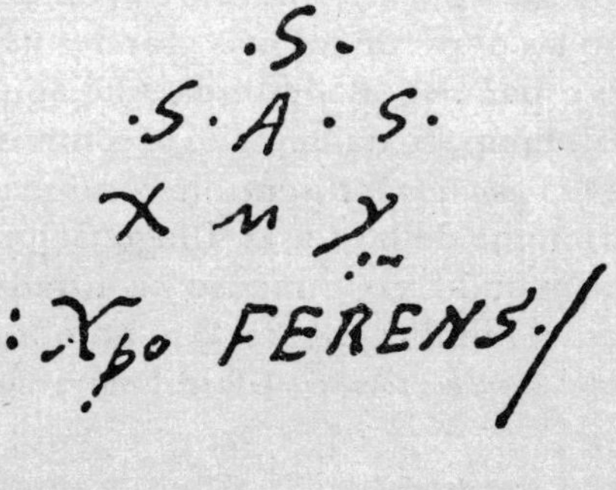

Todo ello ha dado lugar a múltiples interpretaciones, exégesis, alteraciones, interpolaciones, desapariciones, redescubrimientos. Su hijo, Fernando (Hernando), en *Historia del Almirante* propone, a sabiendas, nuevas nebulosas. Quiere, en suma, una genealogía aristocrática, digna, cree, de él. Inventa, añade, quita, arranca, sobrepone e interpola; falsifica y propone, ambiguo, la quimera.

De nadie, sin embargo, se sabe tanto y tan cierto; de nadie se duda tanto y nadie es tan incierto. Por si ello fuera poco, los pleitos de Colón con la Corona española incorporan, con la verdad, lo legendario y notarialmente válido: el martirio, la persecución y el enfrentamiento del hombre, en la soledad, con el Poder unánime y totalizador.

Paolo Emilio Taviani, presidente de la Comisión Científica Italiana para el Quinto Centenario, en su propio *Cristóbal Colón* (editado en México)* no duda en hacer esta afirmación rotunda: "En la actualidad todas las investigaciones de Colón, tanto de sus admiradores como de los detractores, reconocen su condición de genovés..."

La prodigiosa *Raccolta di Documenti e Studi* (12 tomos publicados por el Ministerio de Educación de Italia) así como las obras de los más grandes y lúcidos historiadores españoles (Ballesteros, Altolaguirre, Menéndez Pidal) tampoco dudan, sino al contrario, de ese origen: de esa *genovía* indiscutible e indudable. Oviedo, fray Bartolomé de las Casas, Diego Colón tampoco lo niegan. Sin embargo, inmenso y contradictorio, en el tránsito del hombre medieval al hombre del Renaci-

* *Cristóbal Colón: dos polémicas,* Editorial Nueva Imagen.

miento —el centro psíquico del problema— Cristóbal Colón es una enorme aventura, una incógnita admirable cuyo acontecer real parece una invención. Setenta y un cuadros, con su rostro distinto, asimétrico, dibujados sobre la magnitud memorable de la leyenda, lo prueban. Dan fe de ello.

X. LA GENEALOGÍA DEL CRISTÓFORO COLOMBO DE GÉNOVA

NACE, casi seguramente, en el año 1451. Es un año singular, significativo, casi a inventar de no ser, posiblemente, la fecha verdadera. En efecto, en ese mismo año, sin duda, ha quedado dicho, vino al mundo la infanta Isabel de Castilla.

Ella, rubia, los ojos de agua pálida, azulada, apta para el caballo, dura de condición: como hombre de Estado. Se instaló en el mundo (según el "fago vos saber" que su padre, Juan II, dirigiera a todas las ciudades de Castilla para anunciar su nacimiento) el 22 de abril de aquel año de 1451 y en el día del Jueves Santo. Cristóbal Colón es inseparable, por múltiples razones, y coplas, de aquella infanta que el 13 de diciembre de 1474 entraría en la historia política de España *con su 18 de Brumario.* En ese día, en síntesis, se proclamó *sucesora y propietaria* de los reinos y ciudades de Castilla antes de que la nobleza señalara, por las dificultades del caso, quién era el heredero de Enrique IV *el Impotente. Sin ese golpe de Estado técnico, sin ese 18 de Brumario, acaso Colón tendría otra historia. O no la tendría.*

Los documentos notariales hablan y dan fe de Giovanni Colombo, nacido en Maconesi, aldea del valle de Fantanabuona y habitante de Quinto.

La filiación de esa familia con Génova no parece discutible. La *Raccolta Colombiana* de Cesare Lollis (los documentos más sorprendentes y alertadores se reeditaron o reprodujeron en facsímiles en *Cristóforo Colombo. Documenti e prove della sua appertenenza a Genova)* proporciona datos inequívocos e inexorables.

Inventarse otro Colón, y de otra procedencia, no es la primera vez que se ha hecho y, quizá, se hará en el futuro. La *fuga hacia adelante* constituye, ello es patente, una parte esencial de la fantasía humana. Nada permite pensar, seriamente, en no legitimar, finalmente, su origen. Ese origen: Génova.

Giovanni Colombo fue el abuelo paterno. Un documento del 21 de febrero de 1429 revela que el tal hombre, en esa fecha, confió su hijo Doménico, de 11 años de edad, al tejedor flamenco llamado Guillermo de Brabante. Los germanos ya invadían, con sus técnicas, Italia. Todavía Goethe no había proclamado, en versos admirables, la ruta de Alemania hacia los limones en flor, pero todo comenzaba.

Según el acta notarial levantada, sobre aquel tema, en el pueblo de Santo Stefano de Génova el objeto era claro: *que el niño Doménico fuera aprendiz y sirviente del lanero. Se entendía que, como se hacía en Castilla cuando los pajes se educaban en la corte como criados (con la connotación de* ser criados, *es decir, recibir educación y saber servir), que la idea era que aprendiera un oficio y atendiera al cuidado del amo:* famulus et discipulus *dirá el notario: Quirico de Albenga. Al alemán tejedor se le define como* textor pannorum lane.

Este tal Doménico será el padre de Cristóforo Colombo. Paolo Emilio Taviani dice que existen, exactas, 77 actas notariales sobre las actividades de ese lanero. Muchas veces a causa de dinero, deudas o pagos. En suma, escasez, problemas y oficios que comenzaban a estar en crisis. El mundo estamental del Medievo sería derruido por la revolución de los saberes y los nuevos límites del mundo social y económico. El derrumbe de los muros sólo sorprende a las cabezas autoritarias que creen en lo absoluto y no en la libertad; a las cabezas, en suma, que prefieren ser prisioneras diciendo, desdeñosamente, "¿la libertad para qué?" En verdad la libertad es la única prueba del yo.

No hay duda de que el señalamiento de "pro famulo et discipulo" por seis años (por cinco años dice Granzotto contradiciendo a Taviani, pero el contexto permanece idéntico aunque Jacques Heers afirma, por su parte, que el convenio se realizó en otro mes, en marzo de 1429) se refiere y centra en torno de un hombre, el padre de Colón, que contraerá nupcias, en su día, con Susanna Fontanarossa y de quien tendrá, al menos, tres o cuatro hijos. Un hijo será Cristóforo Colombo. La fecha de su nacimiento se estima, frente a otras presunciones, en 1451. Los padres se casaron, se cree, en 1445.

Los Colombos de Maconesi, en la provincia —*nación* decían otros— de Génova están perfectamente clasificados documentalmente. Los Fontanarossa, el apellido de la madre, procedían del valle de Bisagno. Las dos familias se encontraron en un proceso migratorio no muy distinto: *van descendiendo de las montañas a los valles y de los valles a la costa genovesa.* Quinto mismo era un pueblo al este de Génova. La familia ejercía el oficio de tejedores. Pero tejedores que, emigrando, aprenderán que tienen que inventar otros oficios. Oficios, en principio, *mixtos.* Ése fue el destino final de los estamentos medievales: mezclarse con los "otros" y, después, desaparecer. Tejedores y taberneros, tejedores, guardianes de torres, navegantes y etcétera, etcétera.

De Doménico se sabe que participa en las luchas políticas de la ciudad, puesto que uno de los dux, uno de los dogos, en el cuadro de los conflictos de las facciones, le nombrará guardián de la *Puerta y Torre de Olivella.* Ese nombramiento, para una de las puertas en la muralla de Génova, consta en los documentos.* En uno de ellos se habla de *Dominicum de Columbo* como *ad custodiam turris...*

No era ya custodio de la Torre y Puerta de Olivella (nombramiento que duraba poco más de un año y que debió producirse hacia 1447) cuando nació Cristóbal Colón. Su padre tenía, no muy lejos de la Puerta, una casita con jardín "adosada a los bastiones de la muralla". Es creíble que en esa casa, en Vico de Olivella, "con árboles", naciera el futuro Almirante.

Su padre, por entonces, tenía una posición más desahogada, económicamente hablando, puesto que un documento revela, en 1450, que ha comprado un terreno que contrata, pero subarrienda rápida e inmediatamente. En suma, los Colombo, pese a su modesto origen artesano, eran emprendedores. Más aún: Doménico une su suerte al clan político de los Fregoso, confrontado

* Los interesados en el tesoro colombino, además de los textos antes citados, pueden acceder a una notable y asombrosa pirámide documental a través de *Cristóbal Colón: Textos y documentos completos,* con notable prólogo y notas de Consuelo Varela, publicado por Alianza Universidad, y *Cartas de particulares a Colón y relaciones coetáneas,* en la edición de Juan Gil y Consuelo Varela. Este libro, igualmente imprescindible, ha sido publicado también por Alianza Universidad.

con los Adorno, y quizá por eso volvió a ser nombrado, otras veces, guardián o custodio de la misma Torre de Olivella a cuya vera vivía. Las instituciones, se sabe, son *luchas sociales*; los hombres se institucionalizan en la Polis y se hacen, también, animales sociales antes de convertirse en animales gregarios.

En fin, ciudadano con algún relieve entre los tejedores. Gianni Granzotto dice que fue guardián de la Puerta durante cuatro años, es decir, habiéndose renovado su mandato en tres ocasiones. Taviani dice que el periodo duraba sólo 13 meses...

Fernando, el hijo del Almirante (hijo natural de Cristóbal Colón, puesto que éste nunca casó con Beatriz Enríquez de Harana, o Arena, cordobesa, de esa ciudad andaluza donde vivió, con gran miseria, el futuro descubridor), oscurece las pistas y, después de prolijo y exaltado repertorio de grandezas y equívocos, asume que su padre era un Colombo.

> Algunos, que en cierta manera piensan oscurecer su fama, dicen que fue de Nervi; otros que de Cugureo, y otros de Buyasco, que todos son lugares pequeños, cerca de la ciudad de Génova, en su misma ribera; y otros, que quieren engrandecerle más, dicen que era de Savona, y otros que genovés, y aun los que más le suben a la cumbre, le hacen de *Piasencia*, en la cual ciudad hay algunas personas honradas de su familia, y sepultadas con armas y epitafios de Colombo, porque en efecto éste era ya el sobrenombre, o apellido de sus mayores, aunque él, conforme a la patria donde fue a morar y a comenzar nuevo estado, límole el vocablo para que se conformase con el antiguo, y distinguido aquellos que de él procedieron, de todos los otros que eran colaterales, y así se llamó Colón...

El hijo, buscando la leyenda, insiste en lo magnífico:

> Considerando esto, me moví a creer que así como la mayor parte de sus cosas fueron obradas por algún misterio, así aquello que toca a la variedad de tal nombre y apellido no fue sin misterio... Diremos que verdaderamente fue Colombo, o Palomo, en cuanto trajo la gracia del Espíritu Santo a aquel Nuevo Mundo que él descubrió, mostrando, según que en bautismo de San Juan Bautista el Espíritu Santo en figura de paloma mostró que era el hijo amado de Dios...

De lo que no parece haber duda es que el Cristóforo Colombo genovés, hijo de Doménico y Susanna, es el mismo Cristóbal Colón que llenará la historia de interrogaciones a partir de 1492: *hace cinco siglos.*

Si nació en la vecindad de la Puerta de Olivella o en Quinto es cuestión que los documentos no han aclarado. El Almirante, como su hermano Bartolomé, se atribuía, a veces, "el apelativo de *Terrarubia*". Se explica esa denominación, dicen los historiadores, "porque en Quinto existió un pueblo llamado Terrarossa que se traduce como Terrarubia..."

En otras palabras, en documentos solemnes, en el codicilo al testamento de Colón antes de su muerte, así como en el acta del mayorazgo, el mismo Cristóforo abunda en ratificar su origen genovés. Séase. No demos vueltas; es así.

De igual forma queda constancia, en la famosa carta de Cristóbal Colón al Banco di San Giorgio de Génova (del 2 de abril de 1502), estableciendo que un diezmo de sus rentas "pasará por los siglos de los siglos a subve-

.ır a las necesidades alimenticias de su ciudad natal". *La carta se la entregó, para que no hubiera dudas, al embajador de Génova en España, su amigo Nicolo Oderigo, para que él mismo la llevara allá.*

¿Qué decir, pues, de ese arsenal documental? Un acta notarial de 1470, cuando debía tener 19 años, condena a su padre, Doménico, por deudas. Las cosas no iban, pues, nada bien por entonces. Más interesante resulta advertir que en ese documento se cita al hijo, Cristóforo, como corresponsable de la deuda ante Girolamo del Porto. Cristóbal Colón, en su testamento, menciona esa deuda, que debía pesarle y pide que se repare...

Era hombre de pesadumbres respecto a su pasado y ante una justicia que no es siempre la de los justos.

Lo importante es aceptar aquí, tal vez, que la genealogía tiene una ruptura vital. En efecto, el propio Cristóforo Colombo se niega a seguir el oficio del abuelo y el padre y elige el trabajo de la mar. La vecindad del puerto; la intensidad de una historia que transmitía, a través del Mediterráneo, la magnificencia creciente del siglo XV, *suscitarán, en ese autodidacta asombroso, un cambio radical en el aprendizaje laboral.*

La historia del mundo se modificará, eso es evidente, con él. Es cierto que Antonio Gallo afirma que tanto Cristóforo como Bartolomé, en ocasiones, ayudaron a su padre en los trabajos del lanero y en su taller, pero no deja de añadir "que desde muchachos los dos se embarcaron". Mas aún: que desde los 14 años Cristóforo Colombo estará en las tareas de navegante. Ratifica el "mestizaje" de los oficios; el fin de la utopía medieval de nacer y vivir de un mismo modo. Se acabó.

Por ese tiempo el padre, Doménico, ha abandonado Génova por Savona donde había comprado una taberna sin dejar de tejer cuando se terciara. Los historiadores coinciden, en casos, en advertir que hay constancia notarial, hacia 1470, del oficio de "tabernarius" del padre.

Savona, puerto comercial, abre un nuevo itinerario, una nueva biografía, a la vida del Colombo misterioso.

XI. LOS AÑOS DE FORMACIÓN HASTA LA LLEGADA A PORTUGAL: PRIMERA ESCALA

La formación juvenil de Cristóbal Colón es, al margen de la fantasía, un tema fascinante y fabulado. En la biografía del Almirante, su hijo, Fernando, desvaría:

> dejando otras particularidades que en el contexto de la historia podrían ser escritas a un tiempo, pasaremos a contar las ciencias a que más se aplicó, y diré que siendo de muy pocos años aprendió las letras y estudió en Pavía lo que le bastó para entender los cosmógrafos, a cuya lectura fue muy aficionado, y por cuyo respeto se entregó también a la astrología y geometría: porque tienen estas ciencias tal conexión entre sí, que no pueden estar la una sin la otra, y aun Ptolomeo, en el principio de su *Cosmografía,* dice que ninguno puede ser buen cosmógrafo si también no fuera buen pintor. Supo también hacer diseños [Cristóbal Colón] para plantar las tierras y fijar los cuerpos cosmográficos en plano y redondo...

Ningún biógrafo se atreve, ni de lejos, a ratificar la hipótesis fernandina sobre la presencia en la Universidad de Pavía del joven Cristóforo Colombo. Su genialidad, su habilidad para dibujar cartas geográficas, delinear mapas, establecer rutas, evidencian, y sintetizan, lecturas cosmográficas de la época. Esto no tiene dudas. Su hermano Bartolomé, también especializado en esos trabajos, pudo ganarse la vida, como Cristóforo, con esos conocimientos.

Resulta no menos peregrino saber, con exactitud, cuáles fueron, en todos los casos, las experiencias que tuvieron en la mar. No hay duda de que Cristóbal Colón se embarcó en varias ocasiones.

Se sabe que hizo periplos de cabotaje transportando, por las costas, cargas de vino y lanas. Los navieros genoveses, implantados en todo el Mediterráneo, tenían despachos en las costas orientales: "Alejandría, Quíos, Lesbos, Chipre y hasta en el Mar Negro (Cafra)", dice Marianne Manh-Lot en *Portrait Historique de Christophe Colomb* (Éditions Seuil, Histoire).

Nadie le niega esas experiencias. Su viaje a Quíos, en una expedición de los Spinola, se remite a 1473. En ese mismo año el rey castellano, Enrique IV, hermanastro de Isabel de Castilla (hijo de un primer matrimonio de su padre Juan II), llegaba a Segovia para reconciliarse con su media hermana.

El viaje de Colón a Quíos y el intento de reconciliación de Isabel de Castilla y el rey Enrique IV se cruzan en el camino, indescifrable, de las vidas humanas. Ni Isabel ni Cristóbal Colón sabían que, un día, no exento de grandeza, sus pasos se cruzarían en una gran crisis; en una gran mutación histórica.

Mientras tanto Cristóforo Colombo navega en el *Roxana:* navío de tres mástiles. El Mediterráneo, oriental y occidental, era la vía de comunicación de las culturas. Constantinopla, Bizancio, costas fenicias, costas occidentales. La gran brecha musulmana y judía, con Jerusalén al fondo, cobraba una intensidad esencial para los navegantes. ¿Qué cruz o qué media luna elegir?

La epopeya de las Cruzadas —la primera, encabezada en 1095 por el papa Urbano y con el apoyo del emperador de Bizancio, comenzó en el siglo XI—, bajo el impulso de la "reconquista del Santo Sepulcro", había popularizado, en Occidente, la idea de Jerusalén. La gran ciudad, sede y síndrome de las religiones monoteístas —hebrea, cristiana y musulmana por seguir el orden cronológico— ocupaba, aún, lugar y espacio en la imaginación de los mareantes del Mediterráneo. La séptima cruzada, dirigida por Luis IX *(San Luis* para Francia), terminó en el desastre. El propio San Luis, en el año 1270, moriría ante los muros de Cartago. Todavía hoy, en Jerusalén, corre la sangre. Los dioses nunca parecen satisfechos de la barbarie humana.

La caída de Constantinopla, en el año 1453, dos años después del nacimiento de Cristóforo Colombo e Isabel de Castilla, había marcado al mundo. Los guerreros de la media luna, los guerreros islámicos, dueños ya de Jerusalén, vivieron como protagonistas, en el siglo XV, la caída de Constantinopla, es decir, la Constantinopla que representaba al cristianismo de Oriente. Turquía, la Sagrada Puerta, reemplazaría a los árabes, ya en decadencia, que conquistaran España a partir del 711.

Todo recordaba el pasado; ese pretérito inmenso. La propia *Roxana* de los tres mástiles y las grandes velas era el nombre de una mujer cristiana que había sido reducida a la esclavitud por los turcos musulmanes que heredaran las fronteras, inmensas, del islamismo imperial de los árabes. La leyenda decía que un príncipe turco, admirado de la belleza de Roxana, se casó con ella y, por tanto, pasó a ser la sultana de Constantinopla. En una mezquita de la capital de la ex Bizancio se veneraba la memoria de la Roxana mora cuando Colón atracara en los puertos vecinos. ¿Qué podía soñar el soñador si la historia de un tiempo se parecía al sueño mismo?

Para la imaginación de Cristóforo Colombo ese mundo era el mundo real. Siglos después, cuando se lean sus afirmaciones bíblicas, se pensará, fuera de contexto, que era un sefardí (un judío mallorquín o catalán que, huyendo de las persecuciones, se había refugiado en Génova, Savona o las costas ligures) penetrado por el espíritu de las grandes tradiciones hebreas. No es discutible en sí, pero lo mismo podría decirse de los cristianos que, desde 1453, habían visto la peregrinación hacia Italia de un exilio intelectual y religioso que transportaba consigo, en cruz y crucificadamente, el choque y el conflicto entre Occidente y Oriente. Difícil hubiera sido que Colón, imaginación activa, quedara al margen de esos grandes cismas.

Se asegura que las experiencias marineras de Colón, un hombre de cabeza genial, aunque confusa y metafísica, revelan capacidades nada comunes y maestrías nada dudosas. Esas experiencias fueron múltiples. Inclusive, algunas, vinculadas a la piratería. ¿Verdad? ¿Falsificación? Se citan, sin pruebas, fechas cercanas a 1472-1474, para hablar de ese paso por los imperialismos personales.

Sin embargo, la aventura de la galeaza *Fernandina* parece otra fantasía. Según ella Cristóforo Colombo, al servicio del rey René d'Anjou —en oposición al rey de Aragón—, recibió órdenes de apoderarse de aquel navío, la *Fernandina,* en aguas de Túnez. Fernando Colón evoca esa leyenda. Su padre tuvo que regresar a Marsella en busca de otro barco —porque la tripulación se amotinó— y para contratar a nuevos marinos.

De ser cierto, ello explicaría algunos silencios, reticencias o falsificaciones respecto a la experiencia marítima de Colón en orden a Fernando de Aragón —esposo de Isabel de Castilla— porque éste *no hubiera recibido, muy gustoso, a un hombre que sirviera bajo las banderas de René d'Anjou.* Pero, no obstante, una gran parte de los historiadores consideran ese capítulo anjouniano, sin más, otra invención. No menor que la relación familiar y marinera entre el corsario francés Coullon y el Colombo genovés. Rastros y hechizos. Como Ulises, con sus sirenas, todo pasado de Colón es un futuro, inédito, a inquirir.

De una forma u otra su experiencia es indudable; su fantasía inequívoca. En síntesis, la irrupción de lo real y lo imaginario jugarán un papel indisputable, deslumbrante y aleccionador, en la biografía de Colón.

Lo cierto es que en una de sus expediciones comerciales (¿en los navíos de los Spinola o los de Di Negro? ¿Después de haber navegado hasta Inglaterra y Holanda?) el barco de Colombo naufraga ante las costas de Portugal.

A nado, en la plenitud de la vida, a los 25 años, el *Cristo ferens,* el Portador de Cristo, entra en Lisboa. El náufrago toca, pues, un país atlántico —lo hemos visto— que no sueña nada más que en dar la vuelta al África, horadar la mar océanica y violar el *Mar Tenebroso.* El lema de los navegantes portugueses, en la época, sobrecoge: "primero navegar, después vivir." El mundo está, en 1476, esperando lo impensable. Quizá a Colón. La espera no había sido muy larga. Sí muy compleja.

Cristóbal Colón decide quedarse en Portugal. Serán unos años decisivos en su formación y en su existencia.

Esa periodización histórica, entre 1476 y 1485, le arman caballero de la Odisea. Lentas, insomnes, apasionantes y enérgicas se cruzan, con su periplo vital, las profecías. Cristóforo Colombo va a comenzar una nueva aventura y, por consiguiente, *una nueva ocultación.* Desde entonces, hasta hoy, una inquietante pregunta cultural, dominante e incierta, entraría en escena: *¿por qué es en Portugal donde aprende el español y por qué el español de Colón será el primer idioma escrito que domina el Colón genovés?* De ahí, desde el tumulto de los cinco siglos, la versión sefardita en la admirable pluma de Salvador de Madariaga y en su prodigioso libro *Vida del muy magnífico señor don Cristóbal Colón.*

Un sabio como Menéndez Pidal, es decir, un erudito y lingüista como don Ramón Menéndez Pidal, dirá: "ninguna posibilidad de que la lengua española que habla y escribe Cristóbal Colón tenga, como origen, la raíz sefardita de los judíos que abandonaron las tierras españolas siglos antes de la Expulsión de 1492." Lo mismo, exactamente, dirá Taviani. "El español de Colón —ratifica Menéndez Pidal— no era su lengua materna, sino un idioma aprendido."

La crítica de Menéndez Pidal, contestaría, aún, Madariaga, "no excluye mi hipótesis". Así es, enigmática, sorprendente, esa vida, ese Colón auténtico, indescifrable, que nunca existió por su mucho existir. El "otro", el tema central de la vida y la cultura, es decir, el interlocutor real de Colón, moral, cultural y espiritualmente, ¿quién fue?

XII. EL COLÓN PORTUGUÉS Y ESPAÑOL: EL DILEMA DE SU IDIOMA MATERNO

CRISTÓFORO COLOMBO tenía cuatro años en el año 1455. En esas mismas horas *un magnífico señor de la técnica y la cultura, el ingenio y el genio, puso en marcha sus prensas tipográficas para publicar la "Biblia de 42 líneas"* (dos columnas de 42 líneas en cada página) con cuya edición comenzaría una nueva civilización: la civilización del libro, y una forma más precisa, más rigurosa, a la vez, *de la libertad y la Inquisición.*

En efecto, la libertad llamada *derecho a la expresión* y la censura *llamada Inquisición,* Estado totalitario o Estado absoluto, emprendieron una batalla histórica que Johannes Gensfleish, conocido como *Gutenberg,* no pudo nunca anticipar, concebir o prever. Hasta nuestros días dura. Gobiernos secularizados, ateos o fundamentalistas, integristas o devoradores de utopías milenaristas, unos y otros, han continuado viviendo el mismo problema.

El magnífico señor Gutenberg, inventor de la imprenta, no sabía, tampoco, *que un lector, ávido de mundos, nacía casi al mismo tiempo que sus primeras 200 biblias. De ellas quedan hoy, como un monumento a la deslumbrante odisea del hombre y la letra impresa, 16 ejemplares.*

Escrita en latín, en bellos caracteres góticos, compactos, uniformes, perfectamente legibles, con dibujos maravillosos en color, la Biblia de las 42 líneas fue la primera catedral del saber convertida en hecho sociológico: en una cultura que no era de museo. Esto así porque un libro sale a la calle; vive en la calle y con la gente.

Al mismo tiempo, y no *per accidens*, un veneciano de talento, un veneciano de los canales del Dux, se transformaría, en los decenios siguientes, en el más grande y memorable editor humanista del siglo XVI.

Por un señalado misterio de la existencia —que sueña con el porvenir— ese editor veneciano, Aldo Manuce, colocó en sus libros, como marca indeleble de su paso por la Tierra, un emblema relevante: *un ancla que tenía enroscado, en el hierro, un delfín: ese pez que vuela.*

El futuro Magnífico Señor Cristóbal Colón sería vecino próximo (por hablar de un planeta que pronto fue enorme y, en poco tiempo, una *aldea común)* a esa inmensa aventura de la imaginación tipográfica. Su vida se inscribe, en lo concreto, entre los *incunables.* Se llamaron *incunables* a los libros y ediciones publicados antes del año 1500. *El Mar Tenebroso* era, marítimamente, el *incunable* de su tiempo. En ese mar Colón será uno de los primeros impresores. Su huella, como su garra, han resistido las tempestades. Cada marea del Quinto Centenario nos arroja, aventadas por el viento de los siglos, sus cenizas. ¿Qué hacer con ellas? ¿Cómo decir y decirnos que no existen? El Atlántico, hoy océano contaminado, fue el mar testigo del expolio. Mientras tanto el Mar Tenebroso esperaba.

Entre 1475 y 1476, en suma, el náufrago llamado Colón estrena nueva vida en Lisboa. Era hijo de ese tiempo. En otras palabras, el genovés Cristóforo Colombo iniciaba una nueva etapa biográfica: tan misteriosa, apasionante y contradictoria como siempre. *Un delfín enroscado a un ancla de hierro, pues.*

XIII. EL CRISTÓBAL COLÓN "PORTUGUÉS" Y SU "RETRATO HABLADO"

Fue el Almirante hombre de bien formada y más que de mediana estatura; la cara larga, las mejillas un poco altas; sin declinar a gordo o macilento; la nariz aguileña, los ojos garzos; la color blanca; de rojo encendido; en su juventud tuvo el cabello rubio, pero de treinta años ya lo tenía blanco...

He aquí el retrato hablado, hecho de memoria y arcilla, de su hijo Fernando en su *Historia del Almirante.* Es una mirada detenida y segura. Un joven alto, enjuto, rubio y de ojos azules, pues.

Así debía ser, aun sin el cabello albo —que la vida gasta y consume—, cuando, a nado, ganó la costa portuguesa después de tal naufragio. Merece recordarse esa presencia física. Era un hombre que todavía obsesiona. Como ocurre con todos los obsesionados.

Parco en el comer. "En el comer, beber y en el adorno de su persona —añade Fernando Colón— era muy modesto y continente. Afable en la conversación con los extraños, y con los de la casa muy agradable, con modesta y suave gravedad..."

Retrato de un seductor. Lo era y lo demostraría; lo fue y lo probaría. Pero el hijo se olvida de su arrogancia; de su altanería y orgullo en ocasiones. El hijo no hace historia: dibuja a Colón-Ulises, primer navegante moderno.

Fue tan observante de las cosas de religión —continúa el hijo, que enmascara y oculta, revela y exalta, manipula y esconde, agranda y oscurece—, que en los ayunos y en rezar el Oficio divino, pudiera ser tenido por profeso en religión; tan enemigo de juramentos y blasfemias, que yo juro que jamás le vi echar otro juramento que por "San Fernando" y cuando más irritado con alguno, era su reprehensión decirle: "do vos a Dios, ¿por qué hiciste esto o dijiste aquello?"; si alguna vez tenía que escribir, no probaba la pluma sin escribir estas palabras: *Jesús cum María, sit nobis in via;* y con tan buena letra que sólo con aquello podía ganarse el pan..."

El seductor sabía que *una desviación*, al margen de que no hay por qué dudar de que fuera *religiosamente sincero*, podía llevar a la hoguera o, de cara al ascenso penoso y obsesivo, a la marginalización. Ese inmenso *paciente* demostraría, sin embargo, que tenía otros juramentos (además del de San Fernando) en la conciencia y que su firmeza, arrogancia y orgullo le conducirían a situaciones dramáticas. Oculto y revelado, Cristóforo Colombo era, a la vez, muchos retratos impenetrables. Los 71 que se mostraron en la Exposición de Chicago, durante el Cuarto Centenario, en 1892, eran imaginarios. Nos queda, única, solitaria, esa imagen de Fernando Colón: *la color blanca, de rojo encendido, garzo de ojos. Nunca cansados de mirar.*

De lo que no hay duda razonable es que Colón aprende el español, a hablarlo, leerlo y escribirlo, en Portugal. Será el primer idioma moderno que escriba. Para fray Juan Pérez, cuando le recibió en el convento de La Rábida, en España, no había duda de que era "de otra tierra o reino ajeno a su lengua".

Sin embargo, ¿por qué aprende en Portugal el español? Para Menéndez Pidal es claro: porque el español era una especie de "lengua franca" de las clases aristocráticas o superiores de Portugal en su época. No obstante, es un rasgo de genio y de avidez de futuro su elección. Más notable cosa, aún, porque estuvo integrado a su cultura, en Portugal, mientras quiso convencer a los reyes lusos de que él, y no otro, era el hombre del porvenir.

De una forma u otra eso explica su español plagado de portuguesismos. Menéndez Pidal lo subraya perentoriamente. Dice:

> Esta memorable nota de 1481 contiene portuguesismos abundantes. En la simple expresión de la fecha encontramos uno: "siendo el año del naçimento de Nuestro Señor de 1481", donde faltaba el diptongo castellano *ie*. Luego, por todas partes, la nota rebosa anomalías. Comienza así: "Esta es la *coenta* de la criación del mondo segondo lo *(sic)* judíos"; y continúa la vacilación en el matiz de la vocal acentuada, escribiendo más abajo: "desde el comienço del mundo fasta esta era de 1481", y además, otra vez mondo y otra mundo (en suma dos veces con *o* y otras dos con *u*), y luego de nuevo: "segundo los judíos".

Añadirá Menéndez Pidal: "Hay también inseguridad en la vocal platónica: Adán... engendró Aset; Aset... engendró Enos; Enos *i*ngendró Caynau; dos veces *engendró* y 18 veces *ingendró*. El portugués entonces decía ora *e*ngendrar ora *i*ngendrar..."

Menéndez Pidal proporciona ejemplos, una y otra vez, de su español aportuguesado, aprendido en Portugal, pues, pero sin conexiones lingüísticas, culturales o semánticas con el sefardismo.

> Como los portugueses que escriben español, Colón ingiere muchos lusismos en su lenguaje. [*La lengua de Cristóbal Colón,* Colección Austral, Espasa-Calpe, p. 21.] "Usa el verbo —prosigue— *falar* por *hablar*... En su diario [el de navegación quiere decir Ramón Menéndez Pidal] Colón describe a los indios con los cabellos *corredios,* usando el adjetivo portugués que quiere decir *lisos* o *lacios.* Emplea también las voces portuguesas *calmaria* por "calma", *crimes* por "crímenes", *fugir* por "huir" y otras así...

Los ejemplos que presenta el análisis, exhaustivo, de Menéndez Pidal son imposibles de sintetizar. Pero, insiste, "en cuanto al italiano, Colón no lo usa en ninguno de los muchos relatos y documentos. A su patria, Génova, y a los amigos italianos escribe siempre en español; por ejemplo al Oficio de San Georgi o a Nicolo Oderigo..." Continúa: "¿Qué explicación dar a este hecho extraño?"

El hecho, culturalmente, es menos extraño de lo que parece. En el medio social genovés en que se educa el hijo del lanero Doménico Colombo, con estudios pobres, el italiano no fue una lengua ni aprendida ni hablada, salvo rudimentariamente. El idioma hablado dominante, en esa etapa juvenil (dirá que comienza a navegar a los 14 años), fue el genovés.

Las dos notas en italiano que se conservan de Colón parecen afianzar la tesis de Menéndez Pidal. Discrepa de Altolaguirre cuando éste dice que "olvidó mucho el italiano". "El error de Altolaguirre y [de] Harrise consiste en considerar —subraya Menéndez Pidal— que el idioma materno de Colón fue el italiano y no el dialecto genovés..."

Pablo Emilio Taviani, presidente de la Comisión Científica Italiana para la Celebración del Quinto Centenario, estudia, también, el difícil dilema —otro laberinto más— del idioma de Colón.

Como Menéndez Pidal, examina, con lupa, las dos anotaciones colombinas que existen en italiano. "La primera —dice (*Cristóbal Colón: dos polémicas*, Nueva Imagen, México)— es una apuntilla al *Libro de las profecías*, mientras que la otra está anotada al margen de una traducción italiana de Plinio."

Taviani llega, finalmente, a la convicción de que

> la lengua de Colón es un castellano contaminado por notables y frecuentes influencias y presencias de lusitanismos, italianismos y genovesismos. No es una paradoja. El hecho de que Colón, al escribir, se sirviera del castellano y no del italiano como lengua base, más que probar lo contrario, atestigua su origen genovés. El genovés era una lengua corriente, de uso, tanto que las intervenciones ante el Senado de la República siempre estaban hechas y anotadas en las actas, por los secretarios, en genovés. Hasta la fecha, pueden consultarse en los archivos varias cartas de mercaderes del siglo XV redactadas en genovés. El italiano vulgar, como se le decía entonces, era una lengua literaria. Un niño genovés de clase humilde no podía conocerlo, mientras que el latín seguía siendo no sólo la lengua de la literatura científica, sino también la empleada en los documentos, tanto públicos como privados, en las escrituras notariales y en los contratos. Colón abandonó Liguria con una buena cultura marinera y religiosa, pero no científica ni literaria. Cuando comenzó a escribir y leer con cierta frecuencia, utilizó el castellano...

Niega Taviani, como Menéndez Pidal, la leyenda del Colón gallego o del Colón judío —sefardí de origen catalán— de Wasserman y Madariaga. No habla del libro de Simon Wiesenthal *(Segel der Hoffnung. Die geheime Mission des Christoph Columbus)* que amplía la versión, psíquica y religiosa, del Colón de origen judío.

Sin embargo, Menéndez Pidal, respecto al latín, señala que "pudo aprenderlo en Génova. Ese latín —dice— que los españoles llamaban humorísticamente latín genovisco, y pudo aprender no sólo a hablarlo, sino a escribirlo. Parece que sea ahora, sea después, lo aprendió justamente con su hermano Bartolomé..."

Otro laberinto más, puesto que los dos hermanos —Bartolomé y Cristóbal— tenían la letra igual y se confunden sus textos. De todas las maneras, en ese punto, Taviani matiza, pondera, las palabras de Menéndez Pidal. Taviani señala que el latín era no sólo lengua de la literatura científica, sino de los documentos... "y que Colón abandonó Liguria con una buena cultura marinera y religiosa, pero no científica y literaria".

Ramón Menéndez Pidal, por su lado, presupone que el *latín genovisco* que manejaba Colón debió aprenderlo y escribirlo ya en Génova... lo que plantearía un tipo especial de educación o aficiones muy específicas o, acaso, necesidades comerciales concretas para el gremio de los laneros.

Para Salvador de Madariaga, Colón no *elige el castellano* cuando llega a Portugal, sino que *lo llevaba ya consigo*, Los portuguesismos serían, en opinión de Salvador de Madariaga, una prueba de su nueva coexistencia cultural y lingüística. No parece ni lógico ni probable. Para Menéndez Pidal y Taviani esa lengua y esa escritura no tienen el menor contacto con la de un sefardí. Tendrían que haberse dado otras condiciones.

En suma, también la lengua de Colón ha generado, como su propia vida, un inmenso y considerable dilema. "...La serie de conclusiones lingüísticas del señor Menéndez Pidal —dice secamente Salvador de Madariaga— no contiene nada de incompatible con mi tesis..."

Es inútil insistir. Ramón Menéndez Pidal, en *La lengua de Cristóbal Colón,* ha dejado un análisis riguroso y claro. En suma, *Colón elige lengua escrita, en su edad de hombre, de una manera inequívoca, como elección intelectual, como hallazgo notable, por su singularidad cognoscitiva, para un joven que no había tenido maestros académicos. Su horizonte, en ese punto, es maduro.*

El historiador Antonio Rumeu de Armas *(El "portugués" Cristóbal Colón en Castilla)* insiste por su lado: "¿Qué motivos pudieron impulsar a Cristóbal Colón, residente en Portugal y luso-parlante, para aprender rápida y afanosamente el castellano?"

"El móvil —se responde— no pudo ser otro que el mercantil, el comercial, impuesto por las actividades de esta índole a las que se entrega el navegante en la primera etapa de su existencia..."

Rumeu de Armas discrepa de Menéndez Pidal, por tanto, en la pretensión de este último que es favorable más a la versión literaria que a la comercial. Si de algo vale decirlo, yo me inclino por la versión de Menéndez Pidal, sin olvidar el valor fáctico, práctico, de la otra proposición, porque Cristóbal Colón era una mente literaria, un devorador de libros, un seductor que sería inexplicable *sin los libros y sin las corrientes literarias de su tiempo.*

No lo elude tampoco, ciertamente, Rumeu de Armas, puesto que advierte, con lucidez, cómo se enriqueció el vocabulario español de Colón. "En determinadas ocasiones su prosa alcanza —dice— una inspiración y altura estilística insospechadas." Cita, por ello, pasajes notabilísimos de su *Diario de a bordo.*

En otras palabras, Colón es un hombre de libros y un literaturizador. Su educación infantil y adolescente explica que no aprendiera bien el italiano porque —para un genovés hijo de artesanos— era un esfuerzo inusitado y, de ahí, que no lo aprendiera nunca como dice Menéndez Pidal. Ese esfuerzo correspondía a niveles más altos que los del nivel de desarrollo intelectual de su familia y de la gente que él mismo tratara en Génova. Ésta se conformaba, culturalmente, con el dialecto de la región.

No es ésa la opinión, enteramente, de Rumeu de Armas: "Desde luego puede afirmarse —dice este historiador— que Cristóbal Colón sabía leer y redactar en la lengua de Lacio pero el conocimiento del idioma matriz —para Menéndez Pidal su idioma matriz es el genovés y no el italiano— se caracteriza por más cortos vuelos y extrema vulgaridad..."

Tampoco se conserva ningún texto latino suyo de extensión (Menéndez Pidal lo llama latín macarrónico) y el latinista Juan Gil, citado por Rumeu de Armas, dice que

> en las anotaciones de Colón en latín, en las obras impresas *(Imago Mundi, Historia Rerum,* etc.) Colón repite normalmente las palabras del original, lo que produce cierta impresión de soltura ficticia. Pero sus escarceos dejan mucho que desear. Una frase suya como ésta: "nota quod de

regno Tharsis venit rex in Ierusalem" es tan pedestre que erizaría los pelos de Cicerón...

Parece, pues, que sus rudimentos de latín (es posible que lo leyera mejor) es un producto aprendido, también, durante su estancia en Portugal, pero lo perfecciona en España. Cesare de Lollis "ha probado que los barbarismos latinos de Colón son puros hispanismos...". A ese latín lo denomina Menéndez Pidal, además de "macarrónico", se ha visto, "latín genovisco"...

No me extiendo en ese terreno. En todo caso lo que es evidente es su curiosidad, su fascinación ante la letra escrita y las lenguas de la cultura. Es suficiente para proporcionar una opinión de Colón fincada en el deseo de saber y el deseo de figurar. Asciende también, socialmente, por la palabra y la letra. En ese sentido es ya un hombre de Gutenberg. Resalta ese hecho en su universo interior: como *su* hilo rojo freudiano.

Otro aspecto incitante. El Colón genovés, portugués, hispánico, no duda en autodenominarse "extranjero" en España. Según él, expresamente, su servicio y vinculación oficial con España se sitúa el 20 de enero de 1486. Es la fecha, dice Madariaga, "en que sometió a la Cancillería Real de Castilla el plan del descubrimiento".

El contador mayor de la Cancillería, "en el acostamiento del 5 de mayo de 1487", dice de él: "Cristóbal Colomo extranjero." Por cierto, en el *Primer diccionario de la lengua* (el de 1611 de Sebastián de Covarrubias) se habla siempre, respecto a ese vocablo, de *estrangero* y no de *extranjero*, con "g" y no con "j". Y dice Covarrubias que lo es "el que es *estraño* de aquella tierra donde está, *quasi extraneus*. Cerca del año de mil y trescientos y veintinueve —añade— se tuvieron Cortes en Madrid y una de las leyes que se establecieron en ellas fue que no se admitiesen estrangeros a los beneficios..."

El *estrangero* Cristóbal Colombo pronto recibió beneficios y soldada de la Corona de Castilla. *Extraneus* o *alienus,* cierto, puesto que Colón no dudó nunca en aparecer y presentarse así, pero, al mismo tiempo, se sentía ya un servidor de la Corona. Personaje múltiple, contradictorio, fabricado en el filo de la espada. Por su parte, Rumeu de Armas ratifica esa "extranjería", en sus investigaciones, señalando que en un borrador colombino de 1500 se leen estas líneas: "Vine a servir a estos príncipes de tan lejos, y dejé mujer y fijos [hijos] que jamás vi por ello..."

Más aún: recoge párrafos, de De las Casas, sobre una carta de Colón a los Reyes Católicos, en 1497, con esta expresión: "Yo ausente y invidiado extranjero." Más adelante, en 1499, insiste, "como pobre extranjero invidiado..." Extraña obsesión de sí mismo y del "otro" que él es: asume extranjería y la adelanta como queja. No sin añadir que era "invidiado". De España *la envidia,* dicen los españoles. Temerosa palabra. Colón supo, al parecer, medirla y sufrirla.

De lo que no hay duda es que insiste, regresa y retorna; obsesivo. Pero los "otros" no por ello se sustraen a la magia del seductor. El duque de Medinaceli, que le conoció y le tuvo en sus feudos, lo señala y advierte al gran cardenal don Pedro González de Mendoza el 19 de marzo de 1493:

> ..No sé si sabe Vuestra Señoría cómo yo tove en mi casa mucho tiempo a Cristóbal Colomo, que venía de Portogal

> y se quería ir al rey de Francia para que emprendiese de ir a buscar las Indias con su favor y ayuda; e yo lo quisiera provar y enbiar desde el Puerto, que tenía buen aparejo con tres o cuatro caravelas, que no me demandara más; pero como vi que hera esta empresa para la Reina, Nuestra Señora, escrevilo a Su Alteza desde Rota y respondiome que gelo enbiase. Yyo gelo enbié estonçes...*

El *estrangero* persistió en su *estrangería*. Le servía de placer y queja. Orgullo y distancia. "Yo soy el que soy" podría haber dicho. Grave tema.

Fascinante personaje Cristóbal Colón porque, si bien, de manera inequívoca, al establecer las cláusulas del mayorazgo (documento del 22 de mayo de 1498) *deja perfectamente sentado que es genovés* (aunque se ha discutido el carácter fehaciente del documento o se han encontrado, según algunos investigadores, interpolaciones) su *estrangería* no deja de ser otro hecho curioso. Podía haber optado por la naturalización, como tantos otros, pero no parecen existir, hasta el momento, datos fidedignos sobre esa posibilidad. ¿No quedarían testimonios? ¿Se consideró eximido, desde la firma de las Capitulaciones de Santa Fe, de tener que dar el paso de la naturalización al ser reconocido como Almirante del Mar Océano? ¿No era éste, de todas las maneras, un título español? ¿No suponía, legalmente, la naturalización? Diríase, sin más, que no quiso ser español; sí asumir sus honores y defenderlos, incansable, frente a la Corona que, aún, creía en el Derecho.

El problema se trasladó a su hijo Diego cuando quiso optar, de un lado, por la naturalización y, del otro, por

* *Cartas de particulares a Colón y relaciones coetáneas*, edición de Juan Gil y Consuelo Varela, Alianza Universidad.

el aseguramiento de los derechos pecuniarios —beneficios— que le correspondían. Tiene razón Rumeu de Armas, pues, cuando dice que, de haber noticia contraria, no tendría caso la resolución e informe fiscal del Consejo de Indias (en 1511)

> negándose a una petición de Diego, el segundo almirante, que solicitaba fueran reconocidos los privilegios de su padre. El Consejo resolvió, por sentencia de 1527, que los beneficios pecuniarios procedentes de fondos del Estado sólo podían disfrutarlos, con autorización real, los nacionales, vasallos y vecinos del reino y los extranjeros si llevaban diez años de residencia en el país como domiciliados y habían adquirido bienes raíces. Éste no era el caso del almirante "pues el dicho don Cristóbal Colón hera extranjero, no natural, ny vecino del reyno, ny morador en él"...

A menos que la burocracia española, en nombre de la "razón de Estado" —¿cuántos crímenes en su nombre?— hubiera hecho desaparecer documentos que podían ser utilizados para litigar contra la Corona por Colón y sus sucesores. De una forma u otra la administración española acusa, en el procedimiento, una indudable vileza. ¿Cómo negar a Colón derecho de residencia o cómo desconocerlo? Parece que ese arsenal de infamias y negaciones es inseparable de los litigios de Colón contra la Corona.

En efecto, la nota, que resume Rumeu de Armas, bien extraordinaria, recogida antes por el historiador Ballesteros *(Pleitos colombinos, I. Proceso hasta la sentencia de Sevilla)*, no deja de ser una enorme anomalía que nos señala, sobre otra cosa, la tensión y el enojo que causara, a la Corona española, el cúmulo de reclamaciones de Colón para que las Capitulaciones de Santa Fe se cumplieran al pie de la letra. Y sin merma. Capitulaciones que, a todas luces, dada la vastedad de las tierras descubiertas, no podían cumplirse en los términos pactados. Ni Colón supo ceder, en su obstinación altanera y paranoica, *ny* la Corona decidirse por una actitud más generosa, más noble. Se pagaron, tal por cual, en la misma moneda.

Sin embargo, pese a todo, era ostensible que Cristóbal Colón vivió en el reino de Castilla, salvo en los periodos de sus viajes, como un alto funcionario del Poder Público español. Y ello, sin más, desde su llegada a Castilla en 1485 y hasta su muerte en 1506. En suma, *era vecino y connotado vecino del país.* ¿Cómo dudarlo? ¿Ningún subterfugio, a su vez, de la Corona podía o debía evitarlo? Descubrir, pues, de cara a su hijo Diego, que Colón era ur extranjero no hace, de la burocracia hispánica, una burocracia ni honesta ni ética.

Las cédulas, en síntesis, sobre la concesión de la nacionalidad a extranjeros son múltiples, y documentadas, en los archivos españoles de la época. En 1494 se extiende ese derecho a Juanoto Berardi según la ley y se dice:

> Por cuanto vos Juanote Berardi, florentin, estante en estos nuestros reynos, nos hesistes relación... que vos soys natural de la çiudad de Florencia a ha dies anos o mas tiempo que estays en estos nuestros reynos e quereys venir a morar en ellos e ser nuestro natural dellos, e nos suplicastes e pedistes por merced que vos hiziésemos natural destos nuestros reynos...*

* *El "portugués" Cristóbal Colón,* Ediciones Cultura Hispánica. Tomada la cita del Archivo de Simancas: Registro del Sello.

Los ejemplos son, pues, variados y las cédulas más que suficientes para comprobar cómo y cuándo se extendían las titulaciones de naturalización según derecho. En el caso de Cristóbal Colón resulta una enorme sorpresa esa carencia. Puede pensarse, inclusive, que nunca quiso ser español; también que el acta, que la cédula hubiese sido substraída o perdida para mejor oponerse, como antes se dice, en el litigio con el padre y posteriormente con el hijo y para contestar a ambos con ese atropello, jurídico y moral, bien poco tolerable: "hera extranjero, no natural, ny vecino del reino, ny morador en él". De todas las maneras se entiende bien, por los alegatos del Consejo del Reino, en 1511, cinco años después de la muerte de Cristóbal Colón en tierras de Castilla, que la hostilidad final entre el Portador de Cristo y Castilla-Aragón fue seria. Muy pronto España sería la espada de la Contrarreforma con los dineros de América. La túnica del Cristo se la repartirían y rasgarían, entre sí, católicos y protestantes. Ello convertiría a España, por varios siglos, en un país rico en sus cúpulas y subdesarrollado en su base.

Sólo así se comprende la dureza del desatino: *ny vecino del reino, ny morador en él.* "Invidiado" extranjero, diría el propio Colón. La envidia, ¿mal español? La codicia, ¿mal genovés? Ninguna generalización abrupta, montada sobre el galope de los lugares comunes, nos es válida, pero cabe recordarlo y retenerlo en la piedad y la inmisericordia de la memoria. *Por lo demás, Cristóbal Colón no era fácil de vivir. Era un* extraño *claramente dicho y en los hechos.* Soberbio, dueño de sí, exaltaría ante el Estado que expulsó a todos los disidentes, cuando no los llevó a la hoguera, su yo solitario. No es fácil ser hijo de un tejedor-tabernero y, a la vez, Almirante. ¿Cómo se olvida? ¿Cómo se ignora?

Estraño, pues, en el sentido que le da Covarrubias a la palabra en su diccionario:

> algunas veces llamamos *estraño* lo que es singular y extraordinario... Estrañar a otro, desconocerle. Finalmente, —añade el autor del Diccionario de 1611—, estraño es el que no es nuestro, y algunas vezes se toma por el que no es de dentro de nuestra casa o de nuestra familia o de nuestro lugar, y otras por el forastero, el no conocido, el de otro reyno...

Cristóbal Colón era, en ese sentido, el más extranjero, el más extraño, el más *extraneus* y *alienus* que se haya visto en el orbe. En ese orbe, de medidas equivocadas, que él mismo llevaba consigo en su magnífica y testaruda cabeza. Seamos justos: como todo hombre genial era y es, en principio, un enorme *estraño.* Él mismo se construye y se oculta. Su existencia, antes que nada, es una obra de arte. Sin precio.

Ora bien, sus palabras de cristiano, sus cruces al inicio de todas sus cartas, sus perennes preocupaciones de fe, su idea de Jerusalén a conquistar o conquistada, son permanentes. En ellas se planta siempre porque esa tierra ideológica, unánimemente, era insegura y él no quería tener, en ese punto, *estrangería* religiosa. Era muy peligroso. Pero como lo expresa su *estraña* firma y su modo de ver el mundo, *nada nos es permitido decir, todavía hoy, como juicio totalizador y absoluto.* En realidad se lo merece, para sí, el mitificador mitificado. Respetemos su caminar múltiple. No nos engañemos con el "otro": con el Poder nacido en un golpe de Estado. Isabel de Castilla no es una santa. Es un personaje de la implacabilidad que no pudo ni supo asumir la convivencia con sus *extraños,* con sus culturas propias: con *los moriscos y los judíos.* Le resultó una cuestión *imposible.* Primer acto de fe que, en el fondo, planteaba la historia jurídico-política del primer autoritarismo posfeudal. Desde ese proyecto del mundo comenzaba la evangelización. No es inútil saberlo.

Madariaga, "autointoxicado por la idea del Colón de origen judío" (hispano-judío o sefardita, bien entendido), añade el autor citado en último término, le proporciona el carácter de "calculador" y le hace ir al convento de Lisboa porque supo que era lugar de residencia para señoras nobles... En suma, no se le permite a Colón ni la inocencia ni el azar. Es un retrato, por tanto, injusto; demasiado rígido. Esto así porque el destino también juega a los dados. ¿Dios no lo hace?

Demasiada simetría, pues, en las generalizaciones fáciles. Probablemente, como otros hombres de su generación, Colón era religiosamente sincero y su presencia en la capilla lisboeta ("los cabellos muy rojos", según Heers) debió sobresaltar a las mujeres del convento. Alboroto debió haber porque Cristóbal Colón se casó, bien se sabe, con la Perestrello.

En síntesis, Colón, durante su estancia en Portugal, vive con una familia de vocaciones marítimas, con nombre propio noble; con acceso a los documentos del reino; con posición reconocida en las islas de Porto Santo y Madera; con habilidad para auspiciar y presentar, si era necesario, a un marino con sueños y utopías. Todo ello eran elementos importantes para ratificar sus propios pensamientos. Colón, por otra parte, había leído a Ptolomeo y manejaba con firmeza las ideas, aun las equivocadas, de los sabios y geógrafos de su tiempo y de los siglos anteriores. Todo ello entreverado, para la *salud del alma, con el discurso bíblico.*

Las coincidencias extraordinarias alentadoras de la profecía navegante eran, a todas luces, múltiples. Por ejemplo, su mujer, por su rama materna, los Moniz, reunía y conciliaba, también, árbol genealógico honroso. Sus antepasados se habían batido, en el siglo XI, en Lisboa, contra el asalto de los árabes musulmanes (sólo "moros", familiarmente, en España) y una de las puertas del castillo de San Jorge, en lo alto de la ciudad, bastión soleado que aún pervive arquitectónicamente, se denominó así: *Puerta de Martín Moniz.*

En suma, el seductor sabía serlo. Si estuvo en Thule en 1477, se interesaría por las rutas de los vikingos. Por los Moniz y los Perestrello viajó a Madera y se alojó en Porto Santo, donde marido y mujer fueron acogidos por un hermano de doña Felipa que era gobernador de la isla. Doña Felipa "no era bella", dice Granzotto. Diseñaba, así, a un Colón, "cristiano", que sabía ser "calculador, tenaz y apasionado". No era preciso ser sefardí o sefardim para conquistar a una mujer, necesaria, en su epopeya. Seamos justos: dejémonos de la jerga ideológica de lo negro y lo blanco.

Es patente, pues, que los papeles, mapas y noticias de los Perestrello Moniz debieron exaltar la notoria imaginación colombina. Su "biblioteca", con el tiempo, reuniría, según los archivos de Sevilla, la *Historia Rerum* del cardenal Piccolomini (que sería después el papa Pío II); el *Imago Mundi* del cardenal Pierre d'Ailly, rector de la Sorbona de París; *Las maravillas del mundo* de

Marco Polo (que se conoció como el *Million*), la *Historia natural* de Plinio y el *Almanaque perpetuo*. Añádase la Biblia: el *libro*, en su tiempo, *dueño de la historia; el libro de los libros*. Comenzaba con una palabra hebrea excitante: *Bereshith*, "al principio". En el *Imago Mundi* de d'Ailly, Cristóbal Colón encontró una interesante síntesis del universo. Para Colón nada era separable: Biblia, geografía y filosofía; Platón y Aristóteles; Cicerón, Séneca, etcétera, etcétera. Finalmente, además, nada era posible sin la idea del planeta que el portentoso Ptolomeo dejara tras sí.

En suma, Colón, el Colón real de Génova y de Porto Santo, se preparó, minuciosamente, en esos años, para el océano. Barcos y marinos, leyendas y testimonios concretos cercan su existencia. "¿Buscar el Levante por el Poniente?" No era algo insensato para los marinos. Añádase que la leyenda dice, además, que un barco se estrelló en las costas de Madera cuando Colón estaba allí. Los marineros perecieron en el choque, pero el piloto, aún vivo, fue trasladado a la casa de Colón. La leyenda advierte que el piloto le aseguró que habían navegado hasta muy lejos y que habían encontrado nuevas tierras. Hasta le dibujó la ruta...

En otras palabras, el "Christoforus de Colombo, filius Dominici" —como resume Antonio Rumeu de Armas el acta notarial de Génova del 22 de septiembre de 1470— es el Cristóforo Colombo casado en Portugal hacia 1480. Es el hijo del lanero de Génova, Doménico Colombo, que en 1470 (con su hijo Christoforus) reconoció haber contraído una deuda con Ieronimus de Porto.

En Portugal Cristóbal Colón madura el gran proyecto. En Portugal continúa los viajes e incrementa las experiencias de la mar. En Portugal, por vez primera, ofrece a Juan II, el monarca lusitano, el programa para descubrir la ruta de las Indias.

El seductor, que pudo hacerse oír por el rey de Portugal, cosa que no era poco, no pudo convencer a su comisión de expertos. La idea de buscar el Levante por el Poniente era, sin duda, una idea vieja. Pero sus cálculos, según la versión de la circunferencia de la Tierra proporcionada por d'Ailly (1350-1420) y Toscanelli, eran equivocados, es decir, presentaban una imagen mucho más reducida del planeta. Predecía la distancia entre Lisboa y Cipango (el Japón) en alrededor de 2 400 millas marinas. El gran astrónomo florentino Toscanelli mantenía una proposición semejante. Colón se apoyaba, pues, en una concepción geográfica que no podía ser aceptada ya por los sabios que se formaran —desde decenios antes— en torno de Henrique *el Navegante.*

Sin embargo, su experiencia, su maestría, sus capacidades como cartógrafo, sus viajes, sus contactos con los navegantes de la época, con las casas comerciales de su tiempo (las armadas de Paolo di Negro y Ludovico Centurione) no parecen dudosos. En 1479, por ejemplo, viaja de Lisboa a Génova por encargo de Centurione. En 1481 está, con su esposa, en Porto Santo (Madeira) y, probablemente, en 1482 tiene, con Felipa Moniz, a su hijo (legítimo), pero ¿hay hijos ilegítimos?, Diego Colón.

XIV. EL COLÓN "ESPAÑOL" PRESENTA SU PROYECTO A LOS REYES

En la *Historia Rerum ubique gestarum* de Enea Silvio Piccolomini, libro que poseía Cristóforo Colombo, existen, como era una costumbre suya en otros libros, varias notas marginales de su mano. En una de ellas se consigna un dato que permite pensar, con verosimilitud —en el inseguro camino que es todo vaticinio sobre Colón—, que hasta cerca de junio de 1485 estuvo en Lisboa. Ello así porque, en esas notas, se refiere a cuestiones que acontecían en esos días.

El historiador Antonio Rumeu de Armas insiste: Colón llega al reino de Castilla en el año 1485, "sin mes ni día", pero, añade, "el viaje tuvo que efectuarse con posterioridad a junio de 1485, por hallarse residiendo en Lisboa, cuando menos, en mayo".

El hijo del Magnífico Señor Don Cristóbal Colón, Hernando o Fernando, en su *Historia del Almirante,* dice, por su lado, que su padre, "a fines de 1484, con su niño Don Diego, partió secretamente de Portugal, por miedo que le detuviese el rey..." ¿Qué les parece?

En una anotación del prologuista a la edición de Hernando Colón *Historia del Almirante* se dice, como pie en la página 87 de la edición de *Historia 16,* lo siguiente: "se acepta que la llegada de Colón a Castilla fue en la primavera de 1485..."

"Aunque se carece de toda información directa y aun

casi indirecta sobre el asunto, es más que probable —subraya Salvador de Madariaga, por su parte, en su famosa biografía sobre el Almirante— que Colón salió de Lisboa por el Tajo y entró en Castilla *desembarcando en Palos...*"

Es la misma proposición de Gianni Granzotto, pero con otra connotación: "en la primavera de 1485 *cruza la frontera* —portuguesa— y se va a Palos, en Andalucía, a algunas millas de Portugal".

Castilla fue la alternativa de Colón a Portugal. El monarca portugués había rehusado oficialmente, en 1483 o 1484, hacerse cargo del viaje proyectado por el marino de Génova. En efecto, la comisión de sabios y expertos que reunió el rey portugués insistiría en los errores (sobre todo en términos de mensuración de la esfera terrestre) ya sabidos, que aportaba el navegante en sus proposiciones. Con apoyo, entre otros autores, en Toscanelli. Los otros autores son, claro está, el *Imago Mundi* del cardenal Pierre d'Ailly, la *Astronomía* de Ptolomeo, la *Cronografía* de Pomponio Mela, los *Viajes* de Marco Polo, las *Vidas paralelas* de Plutarco, la *Historia natural* de Plinio, un ejemplar de la *Historia Rerum ubique gestarum* de Enea Silvio Piccolomini, es decir, el papa Pío II. Sin embargo, en efecto, Toscanelli ocupa un lugar especial.

En ello no hay duda. Toscanelli tuvo una importancia capital. Nació en Florencia en 1397 y fue una de las grandes figuras del humanismo italiano. Hizo estudios en Padua, fue médico notable y tuvo influencia poco disputable en su tiempo. Científico, hombre que inaugura el Renacimiento sin abandonar, aún, el mundo de las leyendas, habló del viaje a China o Japón, por *la ruta más corta, con el rey de Portugal.* Un mapa de Toscanelli, que permanecía en los archivos marineros de la corte de Portugal, avanzaba, en la praxis, la teoría...

La teoría era posible; las medidas de Toscanelli de la circunferencia de la Tierra, y sus meridianos, eran equivocadas. La "ruta más corta" era la exageración de una profecía y la prueba del error. Ya las academias científicas de la época rechazaban *la visión del mundo de Paolo Toscanelli.* * Un mundo apasionante y equivocado. Actuaría sobre la ideación de Colón. Sólo que Colón aumentaría los errores de Toscanelli, que le envió a Colón copia de su mapa que ya tenía la corte de Portugal.

En suma, rechazado el proyecto colombino por las academias de sabios portugueses y, por tanto, por el rey (apesadumbrado y exasperado, también, por las exigencias que el Colón equivocado añadía a su demanda) al seductor, seducido por su propia odisea, no le quedó otra posibilidad que un nuevo exilio: *¿Francia o Castilla?* Elige, finalmente, Castilla. La lengua castellana pro-

* "El continente conocido, desde Lisboa hasta la costa índica, hacia Oriente, cuenta 230 grados de la circunferencia de la Tierra." Los cosmógrafos portugueses sabían ya que la cifra era un error de Marino de Tiro, que Ptolomeo había corregido ya, aunque no del todo. Toscanelli había hecho caso omiso de la corrección de Ptolomeo y aun aumentado el error de Marino de 220° a 230°, dice Madariaga. "Por consiguiente —añadía Toscanelli—, quedan sólo 130° de mar para ir a las Indias navegando con rumbo a Poniente. Insistía: la longitud del grado terrestre es de 62.5 millas, con lo cual la distancia total de costa a costa por el Atlántico es de 62.5 X 130 = 8.125 millas. Ya los portugueses consideraban que la longitud del grado era de alrededor de 70. Nada amilanaba a Toscanelli, que insistía que de Cabo Verde a la costa de Asia la distancia viene a ser un tercio de la esfera, o sea 116°. En el camino están Antilla y Cipango..." En fin, Asia al alcance de la mano. Se sabía ya que no era así.

baría, en el fondo, que se preparó para esa última alternativa. Colón se equivoca, pero no improvisa.

Lo importante es advertir a qué país se dirige Colón. Se dirige a una Castilla en guerra desde 1481 pero que, a partir de 1482, diseña la fase final de la Reconquista, es decir, la guerra final contra el reino granadino que pertenecía, aún, a los árabes que iniciaran la "Conquista", en el 711, de España.

En aquel mismo año, en 1482, con motivo del alistamiento de las fuerzas armadas de Castilla para aquella empresa última, se encargó, pues, al contador Alonso de Quintanilla que hiciera el censo de la población. "Yo he contado —dirá— muy recientemente, el número de vecindades de los reinos de Castilla, e de León, e Toledo, e Murcia y Andalucía, sin lo que hay en Granada...."

La cifra poblacional de Alonso de Quintanilla es considerada, por todos los historiadores, como muy excesiva. Según la razón del balance citado, el reino de Castilla, por las fechas de Colón, tendría siete millones y medio de habitantes. Proposiciones más lógicas conducen a otro gran investigador, Ramón Carande, a pensar que Castilla, *y en 1541,* tenía sólo 6 271 665 pobladores, y Canarias, Cataluña, Valencia, Navarra y Aragón (entre aquella fecha y 1603) subirían la cifra española a 7 414 970 vecinos.

Lo cierto es que la guerra contra el postrer vecino moro, en Granada, alumbraba una crisis histórica que incluiría, como una gran tormenta, al propio Colón. Baste decir que en 1484 los asaltos de las tropas de Castilla (Isabel) y de Aragón (Fernando) chocaron, lo hemos visto, con la dura resistencia árabe en Málaga. Los cristianos sólo pudieron ocupar (liberar-coexistir) la ciudad de Alora. Eran, de todas las maneras, los "estribos" militares de *la guerra final*.

La villa de Ronda, la Ronda de toreros y poetas en el gran mestizaje cultural (cristianos, moros y judíos), capitularía el 22 de mayo de 1485. ¿Estaba ya Colón en España? ¿Se preparaba para salir, secretamente, de Portugal en esos mismos días? ¿Había llegado ya a Castilla? Hay diferencias, entre los historiadores, sobre esos mismos meses. ¿Qué decir de nuevo? Lo importante era, fundamentalmente, *la circunstancia*.

En otras palabras, entre los árabes —"moros" para los españoles y sus historiadores— las escisiones y las divisiones, como en toda etapa final de un periodo histórico, se ampliaban. Algunos líderes musulmanes, pensando en lo peor, se pasaron al bando de los reyes de Castilla y Aragón. Loja, a su vez, cayó en manos de los *cristianos* (asumamos esta denominación clásica en la diferenciación con los *musulmanes* de España, pero sin ninguna connotación ideológica de superioridad o arrogancia) en 1486.

Toda Europa, "acodada" en los "balcones" de los Pirineos, asistía, no sin asombro, a las últimas batallas para la liquidación del pasado árabe de España. Era, a todas luces, una época caracterizada, aún, por la dimensión de lo profético y el amanecer del iluminismo en el Renacimiento. Como ventanal ideológico y teológico inmediato. El 18 de agosto de 1487 se rindió, con todos sus hombres, la ciudad de Málaga: hoy la ciudad dorada del turismo español. Su caída tuvo, entonces, el esplendor de la gloria y la miseria y vicisitud de las catástrofes retrasadas y anunciadas.

"Gran victoria, desde luego", dirá Joseph Pérez, el gran hispanista, en *L'Espagne des Rois Catholiques*, pero

> aunque los cronistas intentaron una vez más amplificarla, celebrando la magnanimidad de Isabel que se había opuesto a ensañarse con los vencidos, la realidad es diferente: 15 000 prisioneros quedaron reducidos a esclavitud y vendidos para provecho de los combatientes cristianos; cerca de 700 fueron ofrecidos, graciosamente, a nobles o a prelados...

Estamos a un paso del Descubrimiento. Esos antecedentes no son ilusiones: son testimonios de un modelo concreto del hacer y el vivir.

La idea de la terminación de la presencia de los musulmanes en España, como gobernantes y señores de los últimos territorios andaluces que les quedaban, planteaba la *unidad política* como el eslabón, que fue considerado ineludible, de la *unidad religiosa.*

Por consiguiente, la coexistencia, inclusive con los intermedios de guerras y *progroms,* entre cristianos, moros y judíos, comenzó a ser considerada como un imposible. El papa Sixto IV firmará, por ello, la bula *Exigit Sincerae devotionis* y autorizaría a los reyes de Castilla y Aragón a que nombraran inquisidores en sus reinos. En 1480, pues, la Inquisición quedaba institucionalmente establecida. Cinco años faltaban para que Colón llegase a España.

Joseph Pérez aventura la idea de que el proyecto inquisitorial surgió en los mismos espacios de los judíos conversos españoles porque, acusados, a diestra y siniestra, de hipocresía y falsa devoción —apellidados soezmente "marranos"—, quisieron que un tribunal eclesiástico (que finalmente se transformaría en un tribunal del Estado que aspiraba a ser un *Estado nacional)* definiera las cosas. Es otra hipótesis, no imposible; *sí dramática.* De todas las maneras, con la progresiva finalización de los reinos moros-islámicos, el problema de la unidad religiosa, visto desde esa perspectiva "unitaria", estatal, adquirió una singularidad notoria y explosiva. En suma, el caso de los judíos y moros, conversos hebreos y moriscos (conversos moros), integrados a la fuerza en el hecho religioso cristiano, alborotaba a la sociedad entera.

Es indispensable hacer aquí, sin embargo, un esclarecimiento, acaso, imprescindible. La Inquisición, *como aparato del Estado centralizador,* tuvo y contó con resistencias notorias en el Norte español y, sobre todo, en las zonas y regiones atenidas, políticamente, a los *fueros,* libertades o cartas democráticas. Barcelona, la de los Juegos Olímpicos, pese a la presión del rey Fernando de Aragón, expulsó a la Comisión Inquisitorial en tanto que la nobleza aragonesa, por su parte, asesinaba, en Zaragoza, al inquisidor Pedro de Arbues. Popular *abajo,* socialmente; impopular, *arriba,* donde las clases esclarecidas preferían la negociación cultural. Por esa razón, y desde ese doble frente, su proyecto, su *misión espiritual* fracasaría, pero no así su función como soporte de una política de poder de Estado. "Con la Inquisición española —se afirma literalmente en *100 Points Chauds de l'Histoire de l'Église* (Équipes Resurrection, Editorial Desclée de Brouwer, 1979, con prefacio del cardenal A. Renard e introducción de monseñor Charles)— se percibe hasta dónde puede llegar una institución de la Iglesia cuando se alinea sobre la sociedad de una época en vez de introducir la semilla evangélica."

Me parece tan importante este aspecto, en vísperas de la evangelización en América, que merece la pena continuar esa lectura:

> España, al final de las guerras de la Reconquista, conoce la situación de todos los países que salen de una lucha secular contra un enemigo hereditario. En suma, quería culminar la victoria afirmándose como dueña de su casa. Pero como este enemigo es, a la vez, nacional e ideológico, se arrojará una mirada altiva sobre todos aquellos que no pertenecían al catolicismo castellano. Estos fenómenos de racismo han existido siempre, pero se reforzaron, en el caso presente, por la aspereza de las guerras con el Islam y por ciertas tendencias del alma española. El drama consiste en que la Iglesia haya reaccionado tan poco ante esta situación. Sin duda lo hizo por boca de los papas y de ciertos obispos, pero no supo oponerse eficazmente a la presión de los Reyes Católicos cuyo apoyo era tan necesario para cristianizar el Nuevo Mundo, contener a los berberiscos y, muy pronto, a los Estados protestantes..." [P. 183 del libro citado.]

En esos momentos, y por ocasión excepcional con seguridad, y en la fecha 20 de enero de 1486, Cristóbal Colón se consideró a sí mismo, por vez primera, al servicio de los reyes de Castilla y Aragón. Era excesivo, quizás, pero Colón era, sí, indudablemente, excesivo. Ése era su genio; ésa era su debilidad. ¿Qué se quiere?

XV. EL ENCUENTRO DE COLÓN CON LOS REYES DE CASTILLA Y ARAGÓN: AL FIN DE LA RECONQUISTA Y AL PRINCIPIO DE LA INQUISICIÓN

EL COLÓN de origen sefardita, según Madariaga o Wiesenthal entre otros, llegaba a Castilla con el capítulo final de la Reconquista y con el primer capítulo de la Inquisición. No es juego de palabras; es palenque de la vida activa, inexorable, fecunda, por sus contradicciones; no por la retórica maniquea.

> La efectividad del Santo Oficio requería —dice Simon Wiesenthal— la eclosión de una gran ola denunciatoria. La consigna que la Iglesia había dado a sus fieles —"¡Vigilad!"— sólo podía cumplirse si la Inquisición era capaz de movilizar el número suficiente de colaboradores. Conscientes de ello, los dominicos esparcieron por el país multitud de agentes llamados "familiares". Esos "familiares" seguían los pasos a los cristianos nuevos, sobornaban a sus criados para obtener informaciones directas, procuraban que les diesen hospitalidad los viernes por la noche a fin de observar si ardían cirios en alguna sala, si los miembros de la familia llevaban trajes solemnes y muchos otros detalles reveladores. Los tenían todos anotados en cuestionarios que les proporcionaba la Iglesia... [*Operación Nuevo Mundo. La misión secreta de Cristóbal Colón,* Biblioteca de Historia.]

El hombre llamado Cristóbal Colón, el hombre que llamó a las puertas del monasterio de La Rábida, acompañado de su hijo Diego, en "un mes y un día sin fecha" de 1485, era un hombre de 34 años, de estatura alta y proporcionada, con piel de color blanca y tendiendo a rosada, el pelo rubio y más bien rojizo que clareaba ya y muy pronto sería blanco; los ojos azules. Hablaba un *castellano aprendido,* sin duda, dice Menéndez Pidal, el gran filólogo, en Portugal. Era un cristiano caracterizado por profundas y constantes lecturas de la Biblia, genovés a todas luces, pero que, en su lengua, no tenía rastro alguno de un lejano o cercano parentesco lingüístico (insistirán Menéndez Pidal y otros más, frente a la hipótesis, no única, de Madariaga) con un posible descendiente de judíos catalanes o mallorquinos que hubieran abandonado España para establecerse, en Génova o Liguria, unas generaciones antes.

El niño de cinco años, Diego, que le acompañaba era hijo legítimo de Cristóbal Colón y de Felipa Moniz Perestrello, dama de la nobleza portuguesa con la que se había casado en Portugal y de la cual ya había quedado viudo.

Sus primeras palabras ante el portón de La Rábida fueron éstas de la leyenda: "—¿Pueden darme un vaso de leche y un pedazo de pan para el niño?"

Un fraile abierto, franco, acogedor y lúcido le recibió en el recinto. Su nombre ha quedado en la historia: *fray Juan Pérez, prior del convento.*

El seductor, una vez más, ganó la batalla. Oídos atentos, asombrados, en una Castilla que se abría a las maravillas y utopías del fin de la Reconquista —insisto en ello porque es necesario—, le escucharon. Su pasado marinero, con estancia en Portugal, su búsqueda de las islas y los continentes cautivó y maravilló. El seductor comenzaba, homérico, su nueva Odisea: su biografía. La fabulación, en su caso, era parte de *su* historia.

Todo quedó, de nuevo, trazado. El fraile, ávido, apeló al médico del monasterio, García Fernández o Fernandez —dirá Madariaga—, "que no pasaba de aficionado a la astronomía". Pero en el monasterio había, entonces, un astrólogo, "o como se decía con esa maravillosa palabra, un *estrellero*. Llamábase, este sabio religioso, fray Antonio de Marchena".

No estaba en el monasterio, en el momento de llegar Colón, el afamado amador de las estrellas, pero no parece ser menos verdad que el Seductor impuso su ley y que el estrellero fray Antonio de Marchena también le oiría. Quiero insistir: al final de la Reconquista se esperaba lo maravilloso. Puede rechazarse la idea; puede comprenderse.

Por lo pronto, en el monasterio de La Rábida —aún levantado, hoy, sobre el mismo promontorio— le dieron asilo a él y a su hijo. Los frailes fueron sus propagandistas y sus propagadores. Ninguno de ellos dejó noticia, *o duda,* sobre su filiación cristiana o su devoción. No existe una sola señal que les permitiera pensar —y estaba el problema en el aire— que se encontraban frente a un *converso*. El olor de herejía presidía la vida cotidiana. No queda huella alguna que acusara, de ello, a Colón.

Sólo su lengua, su aire, su talante le diseñaban, en el modelo "parroquial", como "extranjero". En eso existen coincidencias. Sin embargo, nada de esto le excluyó del diálogo. Diálogo general que se abrió sobre la hipótesis, tanto en Portugal como en España, de formar parte de la misma comunidad cristiana. Colón escuchó, ahora, a los marineros y navegantes andaluces y, resplandeciente —como en Portugal—, él mismo sería oído por la aristocracia. Con poca fortuna con el duque de Medina-Sidonia; con más fortuna con el duque de Medinaceli. El primero, el más rico de los señores feudales de la época, cerró los ojos; el segundo, don Luis de la Cerda, personaje descendiente de don Alfonso *el Sabio,* de sutil inteligencia, creyó que la empresa de Colón, aunque él podía asumirla, no era ya, en aquellos días, tarea para un señor feudal, sino para una Corona, para un Estado. Al menos es una probabilidad teórica. Algunas palabras del duque permiten asumirlo. Las palabras de Luis de la Cerda ya han sido recogidas, pero escribir a la reina del 18 Brumario, la reina del golpe de Estado técnico que la convirtiera en reina "propietaria" de Castilla, era saber que el *Estado y la mujer de Estado, Isabel, no era algo a evitar, a eludir.* "Yo se lo envié entonces y supliqué a Su Alteza, pues que yo no lo quise tentar y lo aderezaba para su servicio..."

Las tropas de Castilla y Aragón se reunían en Córdoba (aún, en nuestros días, "Córdoba la Mora") para aprestarse al asalto de las fortalezas árabes que era preciso reducir antes de ocupar Granada: la Granada del sueño. Los reyes (tanto monta, monta tanto, Isabel como Fernando) obtenían dinero como podían.

Para tomar Granada, España tuvo que hacer un esfuerzo militar y financiero considerable. Los Reyes Católicos

—prosigue Joseph Pérez aunque es consciente de que todavía no tenían ese título— se vieron obligados a recaudar impuestos excepcionales, la Bula de la Cruzada por ejemplo, recomendada en 1482, en 1485, en 1487, en 1489, abrumadora organización que cuenta con cientos de empleados (comisarios, predicadores, contables, etcétera) y que substituirá, además, después de la finalización de la Cruzada...

La palabra ha entrado, de lleno, en este ensayo de probabilización de la Odisea colombina: *Cruzada*. Es un vocablo vasto, ideológicamente. Se emparentaba con las cruzadas levantadas para la reconquista de Jerusalén en el siglo XI. El propio Colón, no nos engañemos, dirá *a los reyes que el oro de las tierras por descubrir servirá para recuperar la Mansión, la Casa del Señor...*

Era un lenguaje mesiánico. Subyacentes y emergentes, al lado, las espadas y los yelmos. Los moros, el enemigo secular a vencer, constituían, también, un "territorio" a "evangelizar" e incorporar a la fe. Tema vital y, psíquicamente, angustioso. Se refiere a la violación del "otro". No podrá o deberá ser olvidado a la hora del *encuentro con el Nuevo Mundo*. Todas las ideas, todos esos supuestos, formaban parte de una empresa en la que estaban hombres, ejércitos, emociones, pasiones. En vivo y en busca de recursos financieros.

A Córdoba, también "mora" hasta hoy, en esa atmósfera épica y religiosa —la "guerra santa" por los dos lados— fue Colón: el Colón obsesivo, penetrante, totalizador de las utopías. Allí estaban los reyes y Medinaceli con sus huestes. Caían en manos de los cristianos —así tenía que asumirse el calificativo según las propias expresiones de los combatientes— las ciudades. El poderoso señor Medinaceli, en suma, estaba ocupado en otras cosas. Sin embargo, desde Córdoba, siguiendo a una corte peregrinante y guerrera, Colón llegó a Madrid. El invierno fue helado.

XVI. UN SEDUCTOR EN LA NÓMINA REAL

COLÓN pasó a considerarse *un hombre de los reyes,* y a su servicio, desde el 20 de enero de 1486. Antes, con un memorial, había explicado sus propósitos. El 20 de enero de 1486 el contador mayor de los reyes, Alonso de Quintanilla, que había recibido recados y recomendación de fray Juan Pérez en favor de Colón, tuvo contacto con el seductor.

El historiador Antonio Rumeu de Armas dice: "La primera entrevista entre el futuro descubridor y los Reyes Católicos de España tuvo por escenario la ciudad arzobispal de Alcalá de Henares, donde a la sazón residía la corte, y por data exacta el 20 de enero de 1486." Repite el testimonio de Navarrete y de él lo toma (*Viajes,* tomo II, pp. 20-21).

Parece, al revés, que el 20 de enero de 1486 es su presentación *en la corte* porque es el día en que el contador Quintanilla le extiende una autorización para que cobre un dinero del tesoro real, "eufemismo bajo el cual —añade Madariaga—, sin duda se quiere indicar a los dos grandes financieros judíos de la época: don Abraham Senior y don Isahak Abarbanel..."

La tesis del sefardismo judío, pues, al habla. ¿Es posible olvidar la coexistencia religiosa presente, aún, todavía, y el papel que el grupo de conversos hebreos, profesionalmente, cumplía en el reino? Sin entrar en la peregrinación hacia lo absoluto puede pensarse que el dinero entregado a Colón, por orden real, procediera de donde procediera, era una disposición de los reyes para auxiliar, módicamente, por cierto, a un posible colaborador futuro. Mezcla de dádiva y aviso; síntesis de la existencia de eslabones entre el Poder y la espera. Los judíos estaban al servicio de la Corona desde siglos. No eran "judíos" oyentes de un "sefardim" converso. Esa simplificación ideológica es producto del siglo XX: siglo de las abominaciones ideológicas y persecutorias desde "otra" revisión bárbara de la relación con los "disidentes" políticos, sociales, étnicos o culturales.

¿Ver a los reyes personalmente? "Don Fernando y doña Isabel llegaron [repensamos] a Córdoba hacia fines de abril o principios de mayo de 1486", según el testimonio de Madariaga. "Ésta fue la fecha, primavera de 1486, éste el lugar, Córdoba, en que Colón vio por vez primera a los Reyes Católicos. No se sabe casi nada que pueda tenerse por cierto sobre esta entrevista histórica" (Madariaga). Menéndez Pidal, en *La lengua de Cristóbal Colón*, expresa otro matiz: "El 20 de enero de 1486 Colón, en Córdoba, aguarda la venida de los Reyes Católicos que llegan allí el 2 de mayo..."

En Córdoba conocerá Cristóbal Colón al "tercer rey", es decir, al impresionante señor cardenal Pedro González de Mendoza (arzobispo de Sevilla y luego de Toledo), que era, en la corte andariega, una especie de primer ministro.

El seductor no se contenta con seducir a la corte guerrera. El seductor conoce en Córdoba a una mujer: Beatriz Enríquez de Harana. Bella mujer según el decir. Parece ser que era de Santa María de Trasiena, de familia que cultivaba tierras de vides. Beatriz fue su mujer española, pero no se casará con ella. Con ella tuvo a Hernando Colón. Beatriz será su amor de los sentidos, pero el seductor debió pensar que no era de procedencia social elevada. Tal se estima; otros añaden que fue casada; otros que hasta la condesa de Moya le reprendió a Colón el amasiato. ¿Qué hay en Colón que nos llegue transparente, nítido, tolerable?

En él quedó, sin embargo, la duda moral, la herida conciencial. En efecto, en carta que dirige en 1505 a su hijo Diego —un año antes de su muerte, *año de verdades*—, carta que contenía varios codicilos testamentarios, le dice que "tome cuidado de Beatriz Enríquez, que pesa mucho sobre mi conciencia..." En otro texto no dudará en decir que "es la madre de don Fernando, mi hijo..."

El seductor tenía memoria. También la tenía cuando dijo, secamente, que dos religiosos creyeron siempre en él: *en su estrella:* Juan Pérez (un franciscano) y Diego Deza (un dominico). En su *Portraite Historique de Christophe Colomb* la investigadora Marianne Mehn-Lot añade algo sobresaliente para descifrar la personalidad del genovés: "supo hacerse amigos fieles; encontraremos otros, italianos o españoles, que le guardarán, constantemente, su estima y su apoyo".

Eso no es gratuito. Nadie, si él mismo es incapaz de la fidelidad y la amistad, obtiene esos frutos. "Sería difícilmente imaginable, algo así —añade la paleógrafa Mehn-Lot—, si el genovés hubiera sido un hablador sin escrúpulos..."

No era, simplemente, un hombre de fe; *era fiable.* También los reyes, en Córdoba, lo sintieron así. Colón era, además, elocuente, apasionado. La reina le oyó con atención. ¿No podía pensar que al final de la Reconquista ocurriría una "señal" extraordinaria? Teniendo en cuenta la mentalidad de la época, el tránsito de una edad a otra, era muy posible.

Los clérigos también soñaban (no sólo los ricos también lloran) y, además, si la fe era real ¿lo era la función? En España se decía, pensando en la vida real, una frase, cínica y sosegada, respecto a cómo ganarse la pitanza: "Iglesia, mar o casa real." Lucien Febvre en sus extraordinarios ensayos sobre el tema *(Erasmo, la Contrarreforma y el espíritu moderno)* había señalado ya ese "hervidero": "El hervidero —advierte— de clérigos, regulares y seculares, engendraba allí también un verdadero proletariado espiritual cuyo materialismo elemental no constituía un espectáculo precisamente edificante."

No me quedaría yo, solamente, en esa explicación. Invitaría a los lectores a tener a mano el impresionante libro de Marcel Bataillon *Erasme et l'Espagne, Recherches sur l'Histoire Spirituelle du XVIe Siècle* (París, Librairie E. Droz, 1937, que posteriormente sería publicado en español),* para saber y mensurar la complejidad de la época. *El modelo urbano, creciente, enriquecido por la energía del pluralismo (con todos sus resentimientos) cristiano, moro y judío, proporcionaba a Castilla y Aragón (me niego por razones históricas precisas a hablar de Nación española así sin más) una singularidad que Europa no tenía.*

Inclusive para Erasmo la cosa no tenía duda; como igual era para otros viajeros europeos. Osaba decir, Erasmo, algo extraordinario de España y que rompía o rompe el fragor de los lugares comunes y las habladurías convencionales: "Los judíos abundan en Italia,

* Marcel Bataillon, *Op. cit.*

en España —escribía a Capiton—, y apenas hay allí cristianos." A Juan Schlechta le añadía, después de pasar por Bohemia: "Éstais mezclados con judíos. Este rasgo tenéis en común con Italia y con Germania en general, pero sobre todo, con España."

Circulaba por Europa, además, la idea de que los españoles eran contrarios a la doctrina de la Santísima Trinidad, dogma que *ni musulmanes ni judíos aceptaban.* Atmósfera religiosa y social explosiva. "A los ojos de este nórdico [Erasmo] España era el fin del mundo, un país exótico, fuera casi del universo familiar: confín de África, avanzadilla del semitismo", subrayará Lucien Febvre. Silencia, curiosamente, el otro aspecto oriental que era muy preciso: la avanzada española del islamismo. ¿Por qué no ahondar ese aspecto no menos singular?

Cuando el cardenal Cisneros invitó a Erasmo, en 1517, a visitar España, sólo hacía 11 años que había muerto Colón, y Hernán Cortés ya estaba en México. *¿Era España diferente porque en 1492 se hubiera decretado la expulsión de los judíos (pronto la de los moriscos); se hubiera terminado en ese año la Reconquista con la caída del reino moro de Granada y Colón hubiera echado al mar sus carabelas? ¿No estaban ya los* iluminados *en el horizonte dialéctico de esa gran crisis? ¿Cuántos eran los conversos que no cabían en los dogmas? Conversos del islamismo y no sólo del judaísmo.*

España era un eslabón extremadamente diferente y distante del europeo. Colón lo supo; lo vivió. Las Casas diría de él, sincerado, estas expresivas palabras: "Nuestro Señor había acordado a Colón una gracia muy especial por la cual inspiraba, en los otros, afecto."

Después de la entrevista con los reyes el vínculo quedó. Isabel de Castilla tenía en 1486, como Cristóbal

Colón, 35 años. Pertenecían a la misma generación. Él prometía lo imposible; ella quería *lo inmediato.* Lo inmediato era Granada. "La guerra de Granada fue larga (más de diez años), cruel, encarnizada."

Joseph Pérez plantea algo de extremo valor en el análisis:

> ¿La conquista del reino de Granada fue, pues, una cruzada o una guerra de liberación nacional? La cuestión no se plantea para la Reconquista en su conjunto porque ofrece los dos aspectos. El aspecto de cruzada desempeñó indiscutiblemente un gran papel, pero parece excesivo ver en ello el elemento esencial de la lucha contra el moro...

Véase esto otro, novedoso, que incorpora a la exploración:

> Para sostener el esfuerzo de la guerra, los soberanos hacían hincapié en el deber que se imponía a todo cristiano de colaborar en la obra de propagación de la fe. Obispos y sacerdotes los apoyaban en estas campañas con mayor facilidad porque los moros, por su parte, mantenían, ampliamente, la noción de "guerra santa". La institución de *frailes-soldados** (las órdenes militares) respondía a esta inspiración. De manera permanente, cotidiana —añade el historiador Joseph Pérez—, la Reconquista se presentó también, sin lugar a dudas, sobre todo como una guerra de liberación nacional. Los reyes de León, después de Castilla, se proponían rehacer, para su provecho, la unidad de la península, pretendían ser los herederos de

*José Antonio Primo de Rivera, fundador de Falange Española, proyecto fascista en un país agrario, aún ruralizado, insistía en ese pronunciamiento para los falangistas: "mitad monjes, mitad soldados".

la antigua monarquía visigoda [disuelta a partir del 771, por la invasión árabe-musulmana de España].

¿La vida material? "Nobles y combatientes —sigue Joseph Pérez— veían en la guerra la ocasión para acrecentar su fortuna y su prestigio (honra y provecho) y aumentar su influencia política y social sobre sólidas bases económicas."

Cabe discrepar de esa interpretación de la economía: *no hay "bases sólidas" cuando el edificio económico no se sustenta y apoya en el trabajo y la invención. Diríase, sin embargo, que un tipo especial de hombre, el "hombre-hazaña", el "hombre-expolio", con mezcla profunda y entramada de* honor y rapiña, *entraba en el escenario renacentista. En el fondo, como en el* Poema del Mio Cid. En este poema el conquistador —siglo XI— don Rodrigo Díaz de Vivar, *el Campeador, el Mio Cid,* apenas dice palabra donde, a la vez, la fe religiosa contra el musulmán y el espíritu de *hazaña-y-riqueza* no transiten inseparables, juntas. *La hazaña es la exaltación plena del yo; pero la riqueza de ese "yo" expansivo era la riqueza asaltada, no construida; la riqueza ocupada como botín del vencedor y con la "conciencia", además, de lo justo.* Las mandas para construir iglesias, tumbas de héroes; el oro para la recuperación de Jerusalén eran el otro lado de ese ideario implantado sobre conductas equívocas. A Colón le pesaba, en la conciencia, Beatriz, andaluza, cordobesa. Invita a pensar en su lado espiritual, pero la idea del descubrimiento del oro tiene temperatura histórica: transita, durante siglos, por la Reconquista.

XVII. LA COMISIÓN REAL DE EXAMEN Y LA CAÍDA DE GRANADA (FIN DE LA RECONQUISTA)

Los reyes siguieron enviando dineros, auxilios económicos, en esos años de guerra exaltante, a Cristóbal Colón. La capacidad de convicción del seductor es, a todas luces, asombrosa.

> Los envíos —dice Granzotto— continuaron durante todo el año de 1487: alrededor de 15 mil maravadíes, es decir, 400 ducados de oro. Era una cifra bastante considerable. Se había convertido en un protegido de los reyes como tantos otros: astrónomos, eruditos, cronistas y filósofos. Pero, al mismo tiempo, los soberanos españoles se reservaban, así, un derecho exclusivo en la operación. Desde ahora Colón estaba al servicio del Príncipe...

Eso pese a que la comisión encargada de examinar las proposiciones de Colón, la comisión de los sabios de Salamanca, donde estaba la universidad famosa, diría, como la de Lisboa, *que el plan colombino no era correcto.*

Presidió la comisión el padre Fernando de Talavera, superior del Convento del Prado y confesor de la reina. Este jerónimo era austero y justo, de gran cultura, de influencia notoria, de indudable finura espiritual; dudoso entre el Poder y la Piedad.

La comisión oyó a Colón en varias ocasiones, pero parece que las reuniones más importantes se celebraron en el convento de los dominicos de Salamanca cuyo prior era Diego Deza. Colón, instruido, intuitivo, exaltado, mezclando, como genial autodidacta, lecturas, experiencias marítimas, viajes y odiseas, cautivaba y desesperaba. La exhibición de los textos de Marco Polo, los estudios de Toscanelli, las presunciones del *Almanaque perpetuo* de Abraham Zacuto (profesor, por cierto, de la Universidad de Salamanca), las Santas Escrituras y las afirmaciones de Esdras no impedían que los cosmógrafos españoles le advirtiesen que la circunferencia de la Tierra era mayor que la propuesta por Colón y, por tanto, que ni tres años serían suficientes para llegar a las tierras con que él soñaba.

El obstinado se mantenía en sus trece; el seductor seducía a un auditorio al que no convencía. Su cabeza era un laberinto que oscurecía, como si supiera más, lo que podía o debía ser claro. En la comisión tenía, pues, aliados incondicionales y adversarios irreductibles.

Pasaron los años. Desde el campamento de Santa Fe, el estado mayor de los reyes continuaba el cerco final de Granada. El rey "moro", Boabdil, en las últimas, exigió, no obstante, para rendirse y rendir la última ciudad árabe en España, seguridad de vidas y haciendas; libertad de culto para los musulmanes; libre uso de las mezquitas; jueces coránicos para sus fieles; autorización para los que quieran emigrar a África después de haber vendido libremente sus bienes. Los reyes aceptaron. ¿A sabiendas de que no podrían cumplirlo? ¿Igual que firmarán con Colón, en el campamento de Santa Fe, unas capitulaciones enormes que tampoco podrán asumir después? Tema incitante: ¿hasta dónde puede y sabe el Poder?

La crisis del reino de Granada se hizo evidente. Hubo traiciones, doblez, acusaciones mutuas, cierto, pero en las horas de infortunio siempre es así. El 1 de enero de 1492 las tropas de los reyes ocuparon las posiciones estratégicas de la ciudad; el 2 de enero los reyes reciben, de Boabdil, las llaves de Granada. Desfile suntuoso y excepcional, mesiánico y simbólico, para el fin de la Reconquista. Un momento hubo de indudable vigor dialéctico. Ante el palacio de La Alhambra el rey árabe y musulmán, exquisito, procedió a quitarse el anillo que significaba el sello del gobierno de La Alhambra, sede del monarca. Lo entrega, ante los reyes, al guerrero, conde de Tendilla, que se hará cargo de La Alhambra. En el anillo, con turquesa, se leían estas palabras en árabe: "No hay otro Dios sino el verdadero Dios y éste es el sello de Aben Abi Abdilehi. "

El al-Qasr, el Alcázar granadino, fue ocupado por las tropas cristianas. La "guerra santa" de las dos partes, la *djihad* musulmana con sus *mudjahid* o *djihadi,* es decir, con sus combatientes de la guerra santa, se entregaban, vencidos, a los vencedores. Terminaba una historia comenzada 781 años antes. Una parte de la población de Granada, pese a lo pactado, fue reducida a la esclavitud; "los grandes territorios confiscados". El compromiso más importante, conservar la libertad de culto, costumbres y leyes propias para los moros, tampoco fue cumplido. "Este artículo fue papel mojado. Los soberanos deseaban asimilar lo antes posible a la población y convertirla al catolicismo", subraya Joseph Pérez. Fray Hernando de Talavera, viejo conocido de Cristóbal Colón, fue convertido en obispo de Granada. El noble fraile quiso aprender el árabe y ordenó que los predicadores hicieran lo mismo porque insiste en convencer y no en ofender a los que se deseaba convertir. Los moriscos, como los judíos sefardíes, tenían fe profunda. Pronto el laboratorio de la predicación dejó paso a la conversión violenta. Los reyes firmaron, en 1492, el *Decreto de Expulsión de los Judíos*. Todo, pues, a la vez. Isabel elegía poder, no santidad.

Cristóbal Colón estuvo el 2 de enero de 1492 en el memorable acto de la rendición de la ciudad mora y, por tanto, en la exaltación, inimaginable, de esas horas. El 17 de abril de 1492 —en esa atmósfera única e irrepetible— *los reyes de Castilla y Aragón firmaban con Cristóbal Colón las capitulaciones que, como las signadas con el rey Boabdil de Granada, serían superiores a las posibilidades de compromiso por parte del Estado naciente, esto es, superiores a la razón de Estado.*

En la primera de las capitulaciones la Corona se comprometía a reconocer, para Colón y todos sus descendientes en el futuro, "la dignidad de Almirante en todos los países y reinos que descubriera y conquistara en el Océano".

Colón mismo, pluma en ristre, armado de la gloria y la pasión de la existencia perdurable, comenzará así su *Diario* durante el primer viaje: "...y para ello me enoblecieron que dende en adelante yo me llamase Don, y fuese Almirante Mayor de la Mar Océana e Visorey y Gobernador perpetuo de todas las Islas y Tierra Firme..."

Enorme empeño; magnitud extraordinaria. Sobre todo, cuando el seductor se encontrase con un mundo entero. ¿Cómo podría ser Gobernador perpetuo desde esas nuevas condiciones?

Como ante los moriscos y los sefardíes, la Corona dudará, permanentemente, entre las enormes concesiones a Colón y sus deberes jurídicos ante el compromiso. Como en el caso de los judíos, a los que expulsarán por el Decreto de 1492, los moriscos pasarán por el mismo trance en 1501 (todavía vivía Colón) puesto que los reyes (ya denominados Católicos por el papa Alejandro VI en 1494) deciden "acabar de una vez por todas y los musulmanes quedaron invitados a escoger entre la conversión o el exilio. Así crearon una nueva minoría, la de los moriscos, que se quiso asimilar por la fuerza, sin éxito". A mediados del siglo XVI, dice Joseph Pérez, una segunda revuelta, más sangrienta, atestiguará hasta qué punto el problema había avanzado muy poco desde 1501. El epílogo de este fracaso se evidenciará a principios del siglo XVII "cuando Felipe III tomó la decisión de expulsar, en masa, a los últimos descendientes de los musulmanes de España..."

Mientras tanto, en ese universo en exaltación y crisis, el Magnífico Señor Don Cristóbal Colón se disponía a llevar unas carabelas al océano.

XVIII. COLÓN ENFRENTADO Y CONFRONTADO CON EL "OTRO": CON EL HOMBRE "ESCINDIDO" DE ESPAÑA MISMA

¿Lo olvidamos? ¿Cabe o vale olvidarlo en términos históricos, críticos y de respeto a la recreación del mundo que iba a *explorarse y explorar,* con Colón, el nuevo universo y, a la vez, al "otro"? Veámoslo, pues, desde otro razonamiento. Todo nos será poco para comprender lo que viene.

> España —dice Marcel Bataillon en su memorable *Erasme et l'Espagne, Recherches sur l'Histoire Spirituelle du XVIe Siècle*—, desde la conquista de Granada tenía en su territorio mismo un pedazo del Islam a convertir puesto que no eran ya unos tiempos propicios a la coexistencia pacífica de las tres religiones como Toledo había tenido, como espectáculo, del siglo XII al XIII. Diversos métodos eran posibles para esta conversión. La capitulación (de Granada) en 1491 había garantizado a los vencidos el respeto a sus costumbres y a su religión. El venerable Hernando de Talavera, primer arzobispo de Granada, emprendió la tarea de ganarlos haciendo aparecer la superioridad del Evangelio según la Palabra y los Actos. Él mismo dio ejemplo de la predicación. Aprendió algunos rudimentos del árabe, pese a su gran edad: "Yo daría voluntariamente uno de mis ojos, añadió, por saber esta lengua; yo daría una de mis manos si ello no me impidiera decir la misa."

Quiso, al menos, que su clero aprendiera el árabe. De este esfuerzo de evangelización pacífica quedaron testimonios para la posteridad: *El arte y el vocabulista arábigo* de fray Pedro de Alcalá...

El Poder deseaba éxitos *más contundentes.* Las tensiones sociales de los vencedores, que aspiraban a imponer sus normas, se hicieron ostensibles. "Cisneros, apelado a colaborar con Talavera, empleó otros medios. Ensayó conquistar la aristocracia mora, hizo presión sobre los *faqihs...*"

Entiendo que Marcel Bataillon habla del *faqih* que tradicionalmente se traduce, según los arabistas musulmanes, como "doctor de la Ley Santa". Jomeini mismo llegó a señalar la "Autoridad del Faqih", doctrina con la que intentará institucionalizar, en cierto sentido, el establecimiento de *un solo faqih,* él mismo, como única autoridad legal y suprema del Estado. Tal es la versión de Bernard Lewis, en *The Political Language of Islam,* sobre el significado de *faqihs.*

Se entiende, pues, que la evangelización (¿no iba a hacerse lo mismo en México?) se orientara hacia la aristocracia y los *faqhis.*

> Ello provocó conversiones en masa que suscitaron una reacción violenta: la quema de libros musulmanes. Una revuelta, finalmente, le ofreció [a Cisneros] la posibilidad de hacer revocar las concesiones hechas durante la conquista [de Granada]. Todo musulmán sería, bien pronto, considerado como rebelde y, además, como había ocurrido un siglo antes para los judíos, los convertidos formaron una masa inasimilable de "nuevos cristianos" cuyo cristianismo, según el buen derecho, era sospechoso...

Ésa era la atmósfera, utópica y religiosamente militante, que le tocará vivir a Cristóbal Colón en los años que transcurrieron desde 1485 —llegada a La Rábida con su hijo Diego— y la firma de sus capitulaciones con los reyes, a la vera de la Granada reconquistada, en 1492, aunque la negociación para su rendición se hiciera a finales de 1491: *año de concesiones.* Como se ve no era fácil ni rehusarlas ni cumplirlas. ¿Entonces?

"Más que nunca la Inquisición —dice Bataillon—, instituida para vigilar a los nuevos cristianos judaizantes, se convirtió en un organismo esencial de la vida nacional..." Entendamos, como "vida nacional", la vida "del Estado". Me parece indispensable suscitar esa *re-lectura* de las palabras. Cualquier proposición individual suponía crisis peligrosas.

"El propio y 'santo arzobispo Hernando de Talavera' —prosigue Erasmo—, y todos sus colaboradores, fueron acusados de judaísmo sin gran verosimilitud..."

En cuanto a Toledo (la *Toledoth* judía, nombre que en hebreo significa *ciudad de las generaciones)* no fue nunca itinerario turístico de Colón. De todas las formas, cuanto más ostensible era el impulso hacia la "sangre limpia" y hacia una fe ausente de errores, mayor era la desconfianza de Europa hacia la cultura española. Ésta, en síntesis, no se libraba de la "sospecha" de la "mezcla"; la duda y la herejía; pese a las hogueras. Ante los puros, ante los nuevos inquisidores, España era sospechosa. ¿Tema apasionante? ¿Cómo dudarlo?

Un converso judío famoso, Luis de Santángel, tendría mucho que ver con la expedición de Colón. En efecto, Luis de Santángel, aragonés de conocida familia judía *(marrano,* pues, según la abominable definición castellana), era un hombre riquísimo. Fue amigo de Colón desde 1486 e influyó ante los reyes para que se aceptara su proyecto. Se tiene la seguridad de que financió, en alguna dimensión, el viaje. Un Santángel llegó a ser obispo de Mallorca, donde había familias apellidadas *Colones*.

Antes de la conversión al cristianismo del judío Luis de Santángel algunos de sus familiares tuvieron serios problemas con los cristianos y, por ello, algún Santángel visitó las hogueras, aunque el amigo de Colón, don Luis, recibió notorios privilegios del esposo de Isabel de Castilla. En otras palabras, Fernando de Aragón otorgó a Luis de Santángel "beneficios procedentes de las confiscaciones de la Inquisición en el reino de Valencia" (*Guía judía de España,* Juan G. Atienza. Ediciones Iberia Desconocida, Altalena). Ya ven ustedes que es complicado decir "de esta agua no beberé".

El "otro", el español con el cual negocia Colón en 1492 y del cual se despide al iniciar el viaje era, como bien se ve, un personaje conflictivo, acosado por un inmenso problema religioso y moral y, a la vez, por la tentación mesiánica y vital de la riqueza, el poder y el honor.

España padecía, en ese tiempo, sintetizará Lucien Febvre, "las manifestaciones de una fe exigente y una piedad inquieta: hambre de alimentos místicos, sed de Evangelio..."

Dilema formidable. Todavía vivía Colón, en 1501, cuando se publicó un decreto "que prohibía a los moros de otras partes de España a entrar en la provincia de Granada con el fin de que no se contaminasen los cristianos nuevos". Habla de los *moriscos.*

Siguió a esta medida un edicto mas drástico, publicado al año siguiente, cuyo preámbulo —dice A. S. Turberville (*La Inquisición española,* Breviarios del Fondo de Cultura Económica)— declaraba que, puesto que el reino de Granada había sido limpiado, prácticamente, de infieles, sería vergonzoso permitir a los musulmanes que continuasen viviendo en otras partes de España. Por consiguiente, se ordenó a todos los musulmanes de Castilla y León que abandonasen el reino antes de abril de 1502, salvo los varones de 14 años y las mujeres menores de 12. Como se les prohibía entrar en Aragón o Navarra, así como reunirse con sus correligionarios del norte de África, este edicto hizo muy difícil que se llevara a cabo la emigración ordenada y, por tanto, vino a constituir, en la práctica, un edicto de conversión forzada...

En la vida española de Cristóbal Colón se dieron cita, históricamente, dos edictos que terminaron con la coexistencia religiosa: *el edicto de expulsión de los judíos de 1492 y el edicto de expulsión de los moriscos de 1502. Con ello, vidas y haciendas, formas culturales de pluralidad y diversidad se perdieron o entraron en graves conflictos éticos que facilitaron la "fuga hacia adelante", esto es, la simplificación y la perversión ideológica y ética de confundir la "unidad" política con la "unidad religiosa", es decir, creer que la unidad exigía la exclusión totalitaria del disidente. La visión del mundo, en consecuencia, se proyectaba hacia la hipocresía y la falsificación.*

El hombre que Colón (esto es, el *Cristóforo o Cristo ferens, es decir, el portador de Cristo)* transporta, consigo mismo, al Descubrimiento, conlleva en sí y en los "otros" un difícil y escindido ser humano que aflorará, con todas sus contradicciones, en las tierras americanas. Ese elemento crítico, factor de angustia y violencia, debe ser examinado en toda su significación estructural. Se entiende, pues, que Wasserman, Salvador de Madariaga o Simon Wiesenthal hayan insistido, entre otros, en el origen judío de Colón. Una vez más cabe señalar que nada ratifica esa afirmación, pero, sin duda, explora, en la duda, un tiempo histórico complejo, *incómodo* para la lectura autoritaria de caballeros y santos. Incómodo porque es igual que trasladar el misterio colombino a sus "orígenes". Aunque su genovía, su origen genovés, no sea discutible. Justamente por ello, y no solamente por las pruebas filológicas aportadas en contra de su sefardismo por Menéndez Pidal, Cristóbal Colón no era un genovés de origen sefardita o judeoespañol. Si a Colón le impresiona lo que ve no es porque sea judío... o morisco: *es porque durante sus años de España se genera un nuevo interlocutor: un "otro" dramático; un "otro" integrado en una tempestad metafísica inmensa; un "otro"* desposeído *que tendrá que abandonar lo que fuera su patria, España, durante siglos. No es poco. Podría decirse, al revés, que era todo. Aun así prefirieron el exilio, esto es,* la identidad. *Las "Indias", sin poder resistir la Conquista, sin ser* expulsadas, *no podrán integrarse enteramente. Ese dilema de identidad pesará.*

XIX. LAS TRES CARABELAS Y SUS HOMBRES ANTE EL SEDUCTOR Y LA CORONA

UNA vez firmadas las Capitulaciones de Santa Fe (el campamento real ante Granada) entre los reyes y Cristóbal Colón, quedaba lo concreto: *armar las carabelas.*

Los acuerdos de los reyes con Colón, como el pacto que firmaran con los musulmanes vencidos en la ciudad de Granada, no se llevarán a cabo totalmente y en su sentido último. En principio, cierto, posibilitaron, como con los musulmanes de Granada, un importante consenso inicial. La verdad es que lo que pidió Colón y los reyes concedieron fue inmenso. Sólo se hubieran cumplido las capitulaciones del 17 de abril de 1492 —sobre ellas se redactó la subsiguiente acta jurídica del 30 de abril— *si Colón hubiera descubierto unas islas; pero no un mundo.*

Las discusiones previas para la firma lo probaron. Colón ya se había marchado de Santa Fe, en el mes de enero de 1492 —y su propósito era hacerlo de España— de no haberse producido dos cosas: *la intervención de Luis de Santángel y la embriaguez dionisiaca de la finalización de la Reconquista.* Por ello mismo se envió a por Colón, a lomos de caballo, cuando ya estaba de viaje, para que regresara a Santa Fe.

Un capitán de la reina, dice Fernando Colón en su *Historia del Almirante,* le encontró en el Puente de Pinos y le conminó o invitó a regresar. "Y pronto fue sometida su capitulación y expedición al secretario Juan de Coloma el cual, de orden de Sus Altezas, y con la real firma y sello, le concedió y consignó todas las capitulaciones y cláusulas que había demandado, sin que se quitase ni mudase cosa alguna..." Tales son las pasmosas palabras de Fernando Colón al redactar la biografía de su padre. Así como así: *sin* mudarse *cosa alguna.*

No era y es, para menos, hablar de pasmo. Se convertía en Almirante, para él y sus sucesores, en todos los países y reinos que descubriera y gobernador en todos esos mismos países. No sigo en la enumeración, encantada, de los privilegios. Papel; papeles.

Cristóbal Colón, ya *don* Cristóbal y ya *Gran Almirante,* con las acreditaciones en la bolsa (capitulaciones y acuerdos sobre privilegios y funciones) y seis documentos más, accesorios pero indispensables, se marchó hacia el puerto de Palos para poner en marcha la expedición.

En su primer texto a los reyes recordará Colón, a la reina de Castilla y al monarca de Aragón, que salió de España cuando aquéllos habían expulsado de sus reinos a los judíos. Lo menciona en la carta con que se inicia el Diario del Descubrimiento.

"¿Qué necesidad tenía de mencionar a los judíos?", se pregunta Salvador de Madariaga en su portentoso libro *Vida del muy magnífico señor don Cristóbal Colón.* Para Madariaga esa declaración es una proclamación, latente, de su judaísmo.

Lo extraordinario e inaudito hubiera sido, para mí, que no lo hubiese mencionado. Camino de Palos se encontrará, durante su viaje, con algo insólito: que la "operación expulsión" de los judíos había bloqueado todos los grandes puertos del reino de Castilla, esto es, Sevilla y Cádiz.

"En Cádiz más de ocho mil familias se embarcaron en toda clase de navíos", dice Gianni Granzotto. Los muelles, añade, estaban plenos, las filas eran interminables, las lágrimas y las lamentaciones sin fin...

¿Cómo evitar hablar de ese "otro" desposeído, inhabilitado y orgulloso que, en vez de "convertirse", prefería abandonar el país en el que por *generaciones (Toledoth)* había vivido y esto último durante siglos? Espectáculo inaudito que pronto sería ratificado con la expulsión de los moros y de los españoles mismos al empujárseles a un proyecto europeo e imperial que no habían pensado. España era, en 1492, un país anhelante, esperanzado y explosivo. Tenía que elegir la revolución del trabajo o la fuga hacia la utopía. Eligió lo último y no hizo, por ello, ni la Revolución parlamentaria ni la Revolución industrial.

En Palos, puerto de marinos experimentados, la acogida a Colón no fue excelente. Los reyes habían condenado a la ciudad a armar, por un problema de contrabando, sobre las costillas de Palos, dos de las tres carabelas y de los equipos que necesitaba Colón. Éste apuntó que necesitaba tres barcos. Palos, según la disposición "fiscal" de los monarcas, debía preparar, o aparejar, dos de ellos; el tercero quedaba por establecer. En Palos la gente, sin duda, rechinaba los dientes contra el genovés orgulloso e impulsivo. Pero el gran seductor, una vez más, acalló las pasiones en su contra y convenció a los mejores capitanes. Hazaña nada pequeña. El seductor lo era verdaderamente.

La ordenanza real, firmada el 23 de mayo, para que

se armaran y equiparan las dos carabelas tampoco fue un texto evangélico para las hermanas clarisas. Al revés. Fue un "ordeno y mando" que debió leerse en la iglesia, con los notarios reales como testigos, para que la ciudad de Palos no dilatase las decisiones. Y daba un plazo, para realizar la orden, casi imposible. El Estado de los burócratas aparecía ya en la letra de la ley.

Pero el seductor, además de los textos y ordenanzas de los monarcas, supo convencer a un capitán de fama bien ganada: a *Martín Alonso*. No sólo a él; también a sus hermanos.

Martín Alonso era el jefe de la familia, casi una tribu de mareantes, de los Pinzón. Ésta convergía en dos ramas: la suya propia, que se componía de tres hermanos, el propio Martín Alonso y sus hermanos Francisco Martín y Vicente Yáñez. Todos eran prolíficos. La segunda rama, igualmente voluminosa, se vinculaba al primo Diego Martín, conocido en aquellas costas como *el Viejo*.

Todos fueron subyugados por el *Cristo ferens*, por el seductor llamado Colón. Todos ellos colaboraron en la búsqueda de la tercera carabela. Por lo pronto, y antes que eso, un propietario de nombre Quintero, viendo que los barcos quedarían en buenas manos, declaró que él aportaría al viaje la *Pinta*, carabela de 150 toneladas.

La *Pinta*, al parecer, pertenecía a un grupo de Palos, dirá Madariaga. No es muy importante. Lo verdaderamente asombroso es que se asociaran al visionario un grupo de personas de fama notable en la costa mediterránea y que Martín Alonso tomara el asunto como cosa propia y del mayor significado, ¿quién iba a negarle autoridad? ¿Quién no se iba a unir a sus banderas?

Tenían ganado un nombre y prestigio. No era necesario buscar tripulaciones, por la fuerza o en los presidios. Finalmente, en el trasiego de la voluntad y el ineludible concierto de Colón con los Pinzones, la *Pinta* quedó bajo la capitanía del propio Martín Alonso ("que, con el tiempo —añade Madariaga—, había de ser el más grande de los pilotos españoles de la época"), en tanto que la *Niña* (aquella derivaba su nombre de un propietario llamado *Pinto* y esta última de un propietario llamado *Niño)* quedó bajo otro patrón distinguido: Vicente Yáñez Pinzón. ¿Qué pasaba con el resto de la tribu deslumbrante? El piloto de la *Pinta*, para que todo quedara en casa, fue Francisco Martín.

La carabela *Santa María* —233 toneladas— que acababa de llegar de Flandes y que pertenecía a Juan de la Cosa, el gran cartógrafo, muy querido en todo el litoral, fue elegida para hacer posibles las demás estipulaciones de la disposición real. Por sus características la *Santa María* se transformó en el navío almirante con Colón en el puente de mando. Pero no se olvide que Colón fue responsable del nuevo bautismo de la carabela. En efecto, antes se llamaba *La Marigalante.* Nombre, sin duda, frívolo que transportaba consigo sueños eróticos y fantasías del subconsciente. Cristóforo prefirió la "innovación" sacra. De nada le sirvió. "Los marineros —dice Salvador de Madariaga— 'obedecieron' esa decisión del Almirante, pero no la 'cumplieron' pues la *Santa María* del Almirante siguió siendo *La Marigalante* para la tripulación..." ¿Qué quieren ustedes? También se llamó *Santa María Finisterre* a la ciudad de Iria Flavia porque se creyó, un día, que era el fin de la tierra conocida y segura: *Finis terrae.*

Por lo demás, en esa *Iria Flavia*, pequeña aldea de la Coruña —arruinada durante la invasión árabe de España y que permaneció desierta hasta que en el año 1264 el rey don Alfonso *el Sabio* la mandó poblar de nuevo—, vino a nacer, de padre español y madre inglesa, Camilo José Cela, Premio Nobel de Literatura. Con el nombre de *Santa María* fue bautizado, en cristiano, *Salomón Levi*, sabio de la coexistencia. Hijo de una gran familia hebrea, nació en 1350, fundaría en Burgos, en Castilla, una academia de estudios rabínicos, bíblicos y legislativos. Conoció a Avicena y fue rabí de la aljama judía burgalesa. Siendo rabí de Burgos defendió, ante el papa, los intereses de los judíos de la Sefarad: *de los sefardim*, pues. Quiere ello decir que, todavía, la coexistencia cultural y plural era posible y una práctica.

Ese mismo Pablo Santa María se convirtió al cristianismo en 1390 y se bautizó solemnemente, con todos los suyos, en procesión: madre, hermanos y cinco hijos, pues se casó a los 25 años. Terminó siendo obispo de Burgos, cosa que, con esa biografía, acaso habría sido totalmente imposible en cualquiera de los países *cristianos* de nuestros días aunque, quede dicho, Francia tiene hoy un cardenal, Jean Marie Lustiger, converso, hijo de judíos (*Aron* se llamó en hebreo y el yiddish fue su lengua materna en la casa familiar), que podría ser papa: *como Pablo Santa María fue obispo de Burgos, en 1416, y preceptor del futuro Juan II, padre de Isabel de Castilla, futura Reina Católica*. Pablo de Santa María fue orador sagrado famoso, legado pontificio, maestro de reyes. Murió, como cualquier hombre, contagiado por la peste que asolara Burgos en el año 1435, esto es, 16 años antes que nacieran, a la vez, Isabel de España y Cristóforo Colombo de Génova. En otras palabras, la memoria española estaba llena de actos múltiples de bautismos por la fuerza y por la fe. Bautismos o atropellos que se mezclaban y confundían ante los ojos del pueblo. ¿América en la pupila?

Juan de la Cosa aceptó viajar también —en la *Santa María* como maestre—, lo cual revela, a todas luces, no sólo la magnitud de la autoridad real, sino, también, la capacidad de convicción que poseía, ante los mejores, Cristóbal Colón. En otras palabras, se trataba de marinos experimentados, con audacia, con entrenamiento verdadero y autoridad auténtica. De Martín Alonso Pinzón se decía que era un líder. Sin ellos, sin esos "otros" de primera magnitud, ¿qué hubiera pasado? ¿Quién hubiera convencido a las tripulaciones?

Lo que resulta indudable, de todo ello, es *la gesta del convencimiento.* Es extraordinario, por esto, en esa repetición de lo infame, que se hable de Colón y sus "presidiarios". ¿Con los Pinzones y los Juan de la Cosa? Era igual que si se hablase de Henrique *el Navegante* y de capitanes esclavos para sus navíos.

Yáñez de Mantilla, "viejo marino de Palos", que vivía todavía en la época de los procesos concernientes a la herencia de Colón ante los tribunales *(Colón versus la Corona)* haría, ante aquéllos, una declaración que explica y aclara ese gran tema:

"Martín Alonso puso tanto celo en enrolar a la tripulación que se hubiera podido creer que el descubrimiento era su asunto personal y el de sus hijos..."

Esa declaración elimina del horizonte dialéctico la hipótesis, desde el otro lado, de las tripulaciones formadas "por galeotes o presos".

La conjetura procede, todo invita a creerlo así, de las disposiciones precautorias de la Corona. De la misma forma que, con sus ordenanzas, los reyes impusieron a la ciudad de Palos, como pago de multa, tener que armar dos carabelas, también firmaron una disposición "para suspender todas las persecuciones civiles y penales existentes contra aquellos que decidieran enrolarse en la expedición".

Los frailes del convento de La Rábida, viejos amigos de Colón, quedaron consternados por esa medida, nos dice Granzotto. "Su propia reputación estaba comprometida con la empresa, puesto que ellos mismos la habían favorecido y no podían aceptar que la tripulación estuviera compuesta de criminales."

Desde que Martín Alonso Pinzón y los demás Pinzones se enrolaron en la expedición no hubo necesidad de más, salvo en las anécdotas. Todos los marinos deseaban partir, con ellos, en el viaje. "Pinzón era una garantía para los hombres que le conocían. Se pensaba que él protegería, con su propia experiencia, a ese almirante taciturno y extranjero que nadie conocía..."

La hipótesis de una tripulación constituida por criminales no tiene, por tanto, ningún fundamento. Los tres Pinzones y Juan de la Cosa eran, por sí, una garantía social para los marinos de la costa andaluza.

Forma parte de la leyenda de Colón —lo acepta Granzotto en su *Christophe Colomb*—, y nos muestra un Colón avanzando hacia el océano en medio de una horda de criminales y malos marinos que sólo pensaban regresar a tierra, una vez perdida la esperanza y sólo en los primeros días del viaje. La verdad es que, de los 90 hombres embarcados, sólo cuatro se habían enrolado en virtud de la suspensión de penas judiciales. Se trataba de cuatro condenados a pena de muerte. Uno de ellos fue Bartolomeo de Torres, marino profesional, que había matado a un hombre en una taberna del puerto en el curso de una discusión. En cuanto a los otros tres eran amigos que le habían ayudado a escapar...

En suma, si hubo problemas de inicio para formar las tripulaciones, el dilema se resolvió. Madariaga dice que la cooperación "del gran marino de Palos [Pinzón] salvó a Colón del error más desastroso de cuantos le llevó a cometer su carácter apasionado, terco y ardiente, el de hacerse a la mar con una tripulación de criminales".

¿Tan torpe era Colón, por apasionado que fuese, para entrar en el océano con una compañía de galeotes? Nada invita a pensar que ese seductor de hombres y mujeres tuviera en la imaginación, ante un arriesgado viaje de esa naturaleza, una solución que era un disparate. El mismo Madariaga lo pone en duda, sin percibirlo bien, al proseguir así: "Aunque por haber tenido él esa intención y haberse procurado una carta real al efecto, se ha propagado en los manuales de historia la idea de que las carabelas iban tripuladas por presidiarios, según autoridades modernas o no iba ninguno o iban todos lo más 24." Cabe pensar que es Granzotto el que tiene la razón.

"La tripulación —de acuerdo con Madariaga— fue de 90 hombres: pilotos, marineros y grumetes", pero Colón llevaba a bordo, además, otras veinte o treinta personas, entre ellas "algunos criados del Rey que se aficionaron a ir con él por curiosidad y otros criados y cognoscientes suyos..."

Granzotto afirma, terminantemente, que la tripulación estuvo compuesta, también, por 90 personas. A los cuatro presidiarios Pinzón los conocía "y habían navegado juntos". En el curso del viaje se portaron muy bien. Uno de ellos, "Juan de Moguer, se convertiría, a continuación, en piloto".

Granzotto señala, por su lado,

> que se conoce el nombre de 87 de los navegantes. Los archivos españoles poseen la lista de los empleados públicos pagados por las cajas del Estado y el salario de los marinos que tomaron parte en la expedición. Costaron, en total, 250 000 maravedíes mensualmente. Los oficiales ganaban 2 000; los marinos 1 000 y los grumetes todavía menos...

En la expedición viajaron cinco extranjeros, es decir, cuatro y Colón. Uno era portugués; un segundo de Génova y se llamaba Jacomo Rico; un tercero fue un marinero de Venecia, y el cuarto, por su lado, se declaró calabrés.

Otra leyenda que se desvanece, pese a que, sin embargo, existían testimonios documentales, más que sobrados, para rechazarla. Pero las frases hechas, arraigadas, se reproducen y se alimentan, dialécticamente, de los propios prejuicios. El "otro", el interlocutor —interlocutores— de Cristóforo Colombo en el viaje fue, en muchos aspectos, notable. Capitanes avezados, marineros experimentados: aun aquel que fuera condenado por una refriega de taberna que costó la vida a un hombre.

> A la expedición —añade Granzotto— se agregó un grupo de vascos que viajó en la misma carabela de Colón. Todos los navegantes formaban parte de la flor de la marina an-

> daluza. Eran —prosigue— los mejores marinos de Palos y algunos de sus amigos procedían de los puertos vecinos de Cádiz y de Sevilla. La mayor parte de las tripulaciones estuvieron constituidas por hombres de Pinzón que le eran fieles. Pertenecían, a menudo, a un mismo grupo familiar como los Niño y los Pinzón. De estos últimos cuatro estuvieron en los navíos...

Otro más, pues, de la tribu en la cuenta de ese autor. No era nada imposible ni inviable.

Cristóbal Colón, lector de la Biblia, medieval y renacentista, integrado en la gran tragedia histórica del fin de la coexistencia entre los grupos religiosos de cristianos, judíos y musulmanes, sabía que la gran cuestión, la cuestión *del otro,* que había sido grave en Portugal y España, ante sus ojos, le plantearía, en sólo unas semanas más, el encuentro con el "otro" absoluto, es decir, con el *otro hombre* —el caribeño y americano— aun creyendo que había llegado a Asia, que haría universal e idéntica la Humanidad aunque ello significara, en principio, una nueva crisis respecto a la *mismidad misma del hombre: ese desconocido.* La Humanidad no es nunca un libro abierto.

Antes de embarcarse, el Colón bíblico tuvo que enterarse, él que creía en los vaticinios y en el signo misterioso de los nombres, que tampoco la *Pinta* era un nombre *muy ortodoxo.* Los marineros, lobos de mar, reían de ello en las tabernas de Palos. En el diccionario de Sebastián de Covarrubias, fechado en 1611, se lee esto tal como sigue: " 'Pinta', cualquiera mácula que dexa señal. 'Pinta', cerca de los jugadores de naipes, es la raya del naipe, y assi dezimos conocer por la pinta. 'Pintas', enfermedad aguda, por otro nombre tabardillo..."

Vino nuevo, y vino viejo, en centenarios odres. Vino que discurría como río, propicio para desatar las lenguas, en las tabernas. La ley decía que una parte de la soldada se les avanzaba a los marineros, en tanto que el resto de la paga se quedaba en el país para serles entregado al regreso. Buenas medidas hacendarias: *ahorro forzado, forzoso.*

Con la *Niña* de Juan Niño, que fue en su barco como *maestre* (y su hermano como piloto y Vicente Yáñez Pinzón como capitán), pasó lo mismo que con las otras dos carabelas. Su tripulación estuvo compuesta de hombres enterados, capaces, aptos para lo desmesurado. Desmesurado parecía lo que les esperaba ante sí. Más aún: Pinzón prestó dineros a Colón, que personalmente no tenía nada, aunque los Santángel —y no las joyas de la reina— colaborasen con recursos financieros.

El Colón que se echaba al mar en 1492 viviría, hasta la muerte (una forma de vivir), reclamando, *como los musulmanes de las capitulaciones granadinas,* el cumplimiento, casi imposible, de las promesas escritas y firmadas por los reyes en Santa Fe. Pero el 3 de agosto de 1492, al levar anclas, no sabía el porvenir y, menos, su futuro personal. Aunque lo soñase.

XX. COLÓN ANTE EL "OTRO" ABSOLUTO: LA HUMANIDAD DE AMÉRICA Y LA INHUMANIDAD DEL EXISTIR

EL SUEÑO, la premonición de lo visible-invisible; la acción ciega y esclarecedora; la necesidad como ley de la existencia; la voluntad y la inteligencia dividiéndose, finalmente, en los días y noches inacabables del Mar Tenebroso, la esperanza y la vida. Todo ello, en la enormidad de los planes y la realidad dura y asombrosa, pasaron a ser la existencia misma. Cristóbal Colón, en la mar, no tenía otro destino que insistir en su propia ruta. Él había sido, hasta entonces, su propio Homero. Inventó, falsificó, profetizó, pero lo imaginario dejaba su paso a lo desnudamente concreto y, por tanto, lo imaginario-real se fundiría en la historia. Dirá, impávido, "que vio a las sirenas". Como Ulises: primer viajero de la razón griega.

En efecto, el muy Magnífico Señor Almirante de la Mar Océana levaría anclas. Las leyendas le seguían y anticipaban: *que si un "capitán misterioso" le había dejado, antes de morir, un mapa del camino; que si los reyes mismos se dejaron arrastrar por su propio e interior deslumbramiento...*

Sin embargo, en la soledad absoluta del hombre medieval que era, en gran medida, Cristóbal Colón, la certidumbre no arrancaba del espacio de la razón, sino de la fe. He aquí sus palabras, no exentas, para nosotros, lectores críticos, de inusitada altivez:

> ...Yo tenía la certidumbre de que todo se realizaría, pues, en verdad, "todo pasará pero la palabra de Dios no pasará". Él, que ha hablado tan claramente de esas tierras por la boca de Isaías, y en tantos lugares de las Sagradas Escrituras, afirmaba que es de España de donde partiría la divulgación de su Santo Nombre...

¿Qué decir? Sólo esto: 477 años más tarde, el 21 de julio de 1969, dos módulos espaciales se desprendieron del *Apolo XI*. Uno de ellos fue bautizado *Eagle* (Águila) y el otro *Columbia*. El *Colón, Coullon, Columbus, Colombo, Colomb, paloma y no águila,* estaba presente en una epopeya que, al revés de la de 1492, estaría sumergida en la intrincada red de millones de redes magnéticas y electrónicas que cruzaban el orbe y el espacio en milésimas de milésimas de segundo. Desde el pulso de los astronautas hasta el significado químico de su respiración, desde el color de la orina al color de las estrellas, todo era analizado en el laboratorio de Houston.

Así, en la madrugada del 21 de julio de 1969, con el universo entero de la Humanidad ante las pantallas de la televisión, Neil Armstrong descendió por la escalerilla del módulo y el incierto pie del hombre, iluminado por la luz de las cámaras mecánicas que retrataban lo infinito y lo inmediato, se posaba en la cósmica incertidumbre de la Luna.

Pero el "otro", el misterio de la identidad humana universal y asombrosa no estuvo presente. Neil Armstrong y Edwin Aldrin permanecieron en la superficie de la Luna —solitaria— casi tres horas. Resplandecía, en la distancia y la cercanía, la incontenible y mesurable interrogación del ser humano sobre el origen del

Universo, pero, fieles a su hora científica, los dos exploradores de la Edad Atómica y la Edad Espacial atendieron las órdenes de Houston, el Laboratorio Central de Texas, para iniciar el retorno a la Tierra. Durante un instante vieron la bandera estadunidense que habían dejado, inerme, en las playas de la arena sin viento: era la Bahía de la Tranquilidad.

En 1492, el último hombre medieval, Cristóbal Colón, se despedía, sin él saberlo, de una edad y entraba en otra: el Renacimiento. Insumisión, dudas, inquietudes, sobresaltos y emociones le durarían hasta su muerte en 1506. Nadie se acuerda hoy de los nombres de los extraordinarios burócratas, revestidos de números y cables, magníficos en su exactitud y disciplina, que cruzaron el océano espacial para aterrizar en las playas de una estrella vacía. Eran parte, solamente, de una inmensa empresa —maquinaria— científica que no podía permitirse el lujo de *la individualidad* como base, apoyo y sostén de la aventura.

Cristóbal Colón, al revés, era el *individuo absoluto.* El hombre solo y unánime: con sus quimeras, equivocaciones y emociones de los siglos. Atenido, solamente, a su premonición. Dos ejemplos, dos espacios distintos —no digo cuál *mejor-peor* porque ésa no es la interrogación profunda—, en la realización humana. A Colón, además, le esperaba, enhiesto ante su mirada de hombre, el "otro", esto es, el "uno mismo" que tanto nos cuesta asumir y admitir. En suma: el "otro" desconocido y universal que sería, a todas luces, algo mayor y superior que la estrella.

XXI. LA LEVA DE LAS ANCLAS EN 1492: LA BÚSQUEDA DEL "OTRO"

ÉL, CRISTÓBAL COLÓN, Cristóforo —*Cristo ferens*, el Portador de Cristo— Colombo, genovés de origen, no dudará en decir, en el inicio de su primera reflexión en el *Diario del viaje*, que éste se comenzó cuando los reyes españoles expulsaban de sus reinos a los judíos. Memorable y terrible periplo: *elegir entre la fe vivida y la conversión forzada; entre los bienes físicos materiales del patrimonio secular y la idea del Dios único y total que permanecía en la unidad, oculta, de su propio misterio.*

Marcel Bataillon, en su extraordinario libro *Erasmo y España*, nos proporciona una idea del "otro" europeo ante aquel instante. Instante que, a veces, atrapados en la "negritud" generalizadora de los "buenos" y los "malos", olvidamos. Dice, por ejemplo, lo siguiente:

> Los hombres en los que residía la conciencia de la época no podían dejar de mirar a España con unas miradas llenas de atención. Pues la irremediable decadencia del Papado y del Imperio dejaba intacta la exigencia ideal de la unidad en una cristiandad. Y España era una de las fronteras de la cristiandad en la lucha contra el Islam...

¿Quién diría que algunas de esas palabras no hacen temblar, hoy, el pulso secularizado de Europa ante el mismo hecho religioso y, en cierta medida, ante el mismo problema? Un Islam resueltamente emisario de un *dios militante* y una cristiandad resueltamente secularizada, cuando no agnóstica. Pero la *memoria*, subyacente, de la cristiandad ¿no fue, también, militante, inquisitorial?

El mundo de Colón era ése: *un mundo escindido.* Era cierto, indudable, que los gobiernos europeos no *pensaban* el mundo ya, en aquellos momentos, como "el del reino universal de Cristo", pero en España, dice el historiador Marcel Bataillon, la monarquía "estaba animada por el impulso que la había llevado a la reconquista de Granada..." Hasta el arzobispo de Toledo, después de la caída del último reino árabe en España, dejaba caer la idea, *inusitada para los europeos que hicieron las Cruzadas, sin embargo, a partir del siglo XI, de "reconquistar Jerusalén". Ser anacrónico es terrible. Sobre todo, por su apariencia de modernidad.*

Colón mismo añadiría fuego al fuego diciendo, en la postrimería del *Tiempo sin el Ser,* que las riquezas a encontrar durante su periplo podían servir para aquella empresa: *la reconquista de Jerusalén.* Todo ello conflictivo, contradictorio, guerra contra el Islam, euforia de la Reconquista final después de casi ocho siglos, expulsión de los judíos y, pronto, expulsión de los moriscos, *¿cómo se compaginaba todo ello con la idea de la Ciudad de Dios y, a la vez, con la organización teórica de un Estado unitario que se vertebraba, al menos en la apariencia, con una policía de Estado que, como la Inquisición, perseguía a todos los "disidentes", es decir, a todos los "otros" originales en su fe y en sus creencias? ¿Cómo, pues? ¿Cómo continuar, a su vez —muy pronto—, la evangelización en América con esos antecedentes de expulsión y negación de la convivencia-coexis-*

tencia que hacía posible el ser uno mismo en el "otro"? *¿Comenzaría la evangelización, por tanto, negándole?*

Cristóbal Colón, genial marino y *depositario fiel* de esa contradicción inmensa y complementaria, *no nos es ajeno.* Navegar, por tanto, como *tarea* central. *Tarea* es una palabra árabe que ha quedado en el torrente idiomático español como *labor y destajo.* "Es nombre arábigo", nos recuerda, impávido, Covarrubias. ¿No se dice y repite, hoy, que el árabe es indolente? Él inventó la "tarea". Los tópicos no nos sirven.

Colón advierte, en su *Diario,* que fue el viernes, 3 de agosto de 1492, cuando, con "fuerte virazón", comenzó el viaje. Es extraordinario lo que apunta en la primera página del *Diario* después de iniciar su salida al mar coincidiendo con la expulsión de los judíos. He aquí esas palabras no exentas, sin duda, de rigurosa densidad biográfica:

> ...También, Señores Príncipes, allende describir cada noche lo que el día pasare, y el día lo que la noche navegare, tengo propósito de hacer carta nueva de navegar, en la cual situaré toda la mar y tierras del mar Océano en sus propios lugares debajo su viento, y más, componer un libro y poner todo por el semejante por pintura, por latitud del equinoccial y longitud del Occidente; y sobre todo cumple mucho que yo olvide el sueño y tiente mucho el navegar, porque así cumple, las cuales serán gran trabajo...

Después de las dos palabras finales ("gran trabajo", es decir, fin del sueño y comienzo de lo real-imaginario) el *Diario* se prosigue así:

Viernes 3 de agosto. Partimos viernes 3 días de agosto de 1492 años de la Barra de Saltes a las ocho horas. Anduvimos con fuerte virazón hasta el poner el sol hacia el Sur sesenta millas, que son quince leguas; después al Sudueste y al Sur cuarta del Suruesto, que era el camino para las Canarias...

Las tres carabelas comenzaron, pues, el viaje. El jueves 11 de octubre de 1492, en la noche, Colón dice que vio una luz, como candela, en la sombra del mar oscuro y creyó que era tierra y así lo afirmó ante los incrédulos, y ya desesperados, puesto que en el camino hubo conatos de alzamiento contra el Obseso-y-Seductor.

En la relación compendiada del *Diario* que hace fray Bartolomé de las Casas, amigo de Colón, se señala que "esta tierra vido primero un marinero que se decía Rodrigo de Triana". El Almirante, no obstante, se quedó con el premio de los reyes para quien primero anunciase la tierra nueva porque, en opinión de Colón, antes que Rodrigo de Triana, él mismo "vio la lumbre". Poco generoso. Podía haber olvidado esa anticipación. La leyenda dice que Rodrigo de Triana se escapó, después, a tierra de "herejes", resentido por el acto colombino. Era no conocer a Colón. *Quería todo.* Eso es, siempre, demasiado. Pero con esa penosa historia personal sobre Rodrigo de Triana comienza, en cierta medida, *la cuenta hacia atrás de Colón.*

Lo cierto es que el 12 de octubre, en la claridad (la *Luna* de Neil Armstrong y Edwin Aldrin, si se me permite la alegoría) el día del descubrimiento se conformó y transformó en su *propia realidad: el Nuevo Mundo estaba ante sus ojos. Sólo que él creyó que era el anticipo de Cipango: el Asia fabulosa.*

Pero la tierra, ínsula o isla, estaba poblada por el "otro" y esa primera verdad del encuentro, diálogo y frontera de la pluralidad, no dejaba de ser —*después de enero (Granada); después de marzo, la expulsión de los judíos; después de abril, la firma de las capitulaciones, y de agosto, al levar las anclas en Palos, casi a las mismas horas en que terminaba el plazo concedido en el* Decreto de expulsión de los hebreos de España—, *un toque de atención sobrecogedor para el Cristo ferens. ¿Qué hacer con lo que se descubre?* ¿Qué es un descubrimiento? ¿Qué es todo desvelamiento de algo que, para el "otro", no podía descubrirse porque él mismo existía ya mucho antes y era ya realidad concreta antes mismo del descubrimiento?

Impresiona, no obstante, la atenta observación, inusitada, que dedica Colón al "otro": *a su apariencia y psicología; actitudes y modos; maneras y colores.* En ningún momento el Colón renacentista duda de que no tenga, ante sí, cosa que sí pensarán ciertos o algunos teólogos, al hombre como Humanidad: al "otro" inmenso y absoluto, universal y distinto.

También, por vez primera aparece, en las páginas del *Diario,* el tema de la "conversión". Conversión que en Granada se codificó en un tratado. Tratado que el obispo Hernando de Talavera quiso se transformara en un acto de concordia y no de violencia y, por ello, deseó aprender el árabe (asumir la lengua era asumir una personalidad cultural que excedía la popularísima expresión de "moros" o la futura voz, generalizadora, de "indios") y ordenó que sus sacerdotes lo hicieran como él.

Tema, el de la fe por vía de la convicción y no de la violencia, que asaltó al *Cristo ferens* en un texto del mismo jueves 11 de octubre. Es un texto inequívoco. No excluye el intercambio, físico y metafísico, desigual:

> Yo —*dice él*, añade en la relación compendiada fray Bartolomé de las Casas—, porque nos tuviesen mucha amistad, porque conocí que era gente que mejor se libraría y convertiría a nuestra Santa Fe con amor que no por fuerza, les di algunos de nuestros bonetes colorados y unas cuentas de vidrio que se ponían al pescuezo...
>
> Mas me pareció que era gente muy pobre de todo. Ellos andaban todos desnudos como su madre les parió, y también las mujeres, aunque no vide más de una farto moza. Y todos los que vi eran todos mancebos, que ninguno vide de edad de mas de treinta años; muy bien hechos, de muy hermosos cuerpos y muy buenas caras; los cabellos gruesos casi como sedas de cola de caballos...

Una mirada, insisto, que en ningún momento duda o desmiente la humanidad del "otro" y que sabe que la "gente" es "gente" en su universalidad.

> Ellos no traen armas ni las conocen, porque les mostró espadas y las tomaban por el filo y se cortaban con ignorancia. No tienen algún fierro; sus azagayas son unas varas sin fierro, y algunas tienen al cabo un diente de pece [pez] y otras de otras cosas. Ellos todos a una mano son de buena estatura de grandeza y buenos gestos, bien hechos. Yo vide algunos que tenían señales de feridas en sus cuerpos, y les hice señas qué era aquello, y ellos me amostraron cómo allí venían gente de otras islas que estaban cerca y les querían tomar y se defendían. Yyo creí e creo que aquí vienen de tierra firme...

El soñador despliega una mirada única, reveladora. El soñador quería creer en la Tierra Firme (el continente) y se apuntaba, aún equivocado sobre las Indias, a pasar desde las islas, nuestro Caribe, *al centro del sistema geográfico que anhelaba el sueño del navegante.* Navegante que sabía que sólo tenía trabajos ante sí y que, acabado el sueño, el navegar era el único cuadrante de su existencia.

Aquel viernes, 12 de octubre de 1492, dice Colón, llegaron los mareantes a la convicción de que la primera isla del Descubrimiento fue, "en lengua de Indios, Guanahaní". La puso, por nombre, *San Salvador.*

El Almirante, transcribe Bartolomé de las Casas, sacó las banderas con la "F" de Fernando de Aragón y la "Y" de Isabel de Castilla "y encima de cada letra una corona y tomó "posesión de la dicha isla por el Rey y por la Reina sus señores..."

El día 13 de octubre, sábado, amaneció con una multitud ante la playa que tenía, ante sí, las tres carabelas. "Luego que amaneció vinieron a la playa muchos de estos hombres, todos mancebos, como dicho tengo, y todos de buena estatura , gente muy fermosa: los cabellos no crespos, salvo corredios y gruesos, como sedas de caballo..."

Antes, desde el día jueves, 11 de octubre, le preocupó a Colón, al encontrarse con el hombre, el problema de la propagación de la fe. ¿Por la convicción o la violencia? Diferencia radical aceptada por Colón. En su anotación del día 11, que asume también la del 12, se ve que quiere una predicación de concordia reconociendo la identidad, distinta, del "otro". No me parecería ni justo ni honesto no decirlo. Pero el sábado, 13 de octubre, Colón —mucho menos *Cristo ferens*— se plantea la cuestión decisiva que cambia todo: *la del oro.*

> Y yo estaba atento y trabajaba de saber —dice— si había oro, y vide que algunos de ellos traían un pedazuelo colgado en un agujero que tienen en la nariz, y por señas pude entender que yendo al Sur o volviendo la isla por el Sur, que estaba allí su rey que tenía grandes vasos de ello, y tenía muy mucho...

Antes había escrito, el 11 de octubre, palabras que transcribo porque son graves: "Ellos deben ser buenos servidores y de buen ingenio, que veo que muy presto dicen todo lo que les decía, y creo que ligeramente se harían cristianos; que me pareció que ninguna secta tenían..."

Era mucho anticipar para el primer día. Pronto se le olvidó que no fue tan fácil convencer, en orden a la fe, a judíos y moros.

Torrentes de tinta se han vertido para saber, con exactitud, cuál fue la primera isla que diera a Colón, después de las largas y duras tribulaciones del viaje, la prueba y certidumbre de su equivocada seguridad del encuentro con Asia. El historiador y bibliotecario de la Universidad de Harvard Justin Windsor ha reunido un material excepcional sobre el tema (embarcándose él mismo en un viaje "colombino" para proporcionar, durante el Cuarto Centenario, en 1892, nuevos datos sobre ese cuestionario) en un enorme libro: *Christopher Columbus. And How He Received and Imparted The Spirit of Discovery* (Longmeadow Press). Ese libro es un tesoro de informaciones sobre el nuevo y complejo esquema de la "recepción", desde sí mismo, del Descubrimiento y de cómo se "imparte", se comunica o se hace saber, al otro lado del mundo, lo que ha visto.

La mayor parte de las versiones, sobre el memorable y frágil momento en que la tierra nueva emerge ante los ojos maravillados de los viajeros, son proposiciones sobre la suposición:

> San Salvador —dice Justin Windsor— parece haber sido la isla seleccionada por los primeros investigadores en los siglos XVII y XVIII. Esa versión —prosigue— ha contado con el apoyo de Irving y Humboldt en los últimos tiempos. El capitán Slidell Mackenzie, de la Flota estadunidense, ha estudiado el problema.

En fin, la localización verdadera de Guanahaní también ha transitado por problemas que, marinos y científicos, han intentado explorar y resolver. Justin Windsor, entre las páginas 200 y 242 del libro citado, proporciona un arsenal de noticias sobre ese dilema y con abundancia de mapas.

De lo que no hay duda es que Colón cree haber encontrado lo que buscaba: *la ruta hacia Cipango y no un mundo nuevo.* Mientras tanto, las palabras descenderán, de isla a isla, interrogadoras, sobre la posibilidad del oro. "Con la ayuda de Nuestro Señor", añadía, cauto, el protagonista.

El problema, como en el caso del *Poema del Cid,* en el siglo XI, consistirá en algo que los historiadores, arrastrados o empujados por la polémica, apenas han sopesado: que los casi ocho siglos de la Reconquista, hasta la caída de Granada, con Colón de testigo, habían profundizado la personalidad de un tipo de hombre: de un "español" singular.

Ese tipo de hombre "avanzaba", en la avalancha pausada de la Reconquista (del Norte hacia el Sur), bajo supuestos muy distintos entre sí, cierto, pero convergentes: que las poblaciones árabes, "moras", que encontraban en su camino podrían ser, de una parte, incorporadas a la producción como mano de obra esclava, casi forzada o relativamente forzada o casi de saldo; que los *mudéjares* o moros integrados (como los judíos) en los territorios cristianos (como los *mozárabes* o cristianos que permanecieron en tierras moras por siglos) eran ejemplos de una cultura que *no significaba una coexistencia imposible, sino un encuentro, a la vez, furioso y cálido.* La Corona, con Isabel y Fernando, se resolvería, finalmente, por la *España unitaria* fundada en la identificación de *una fe única.* El Estado naciente no quería al "otro".

En síntesis, en el secular batallar "reconquistador", el botín tomado al adversario *de fe distinta* era una "recompensa" humana adscrita al derecho y ratificada, tácita o explícitamente, por él. A medida, pues, que el "hombre-hazaña", el emisario de Dios, superaba al "hombre-cotidiano", al hombre del trabajo por el de la hazaña *del día con día,* el impulso hacia lo *extraordinario-totalitario* ganaba terreno. En efecto, la "evangelización", el "expolio" y los viajes incesantes —siempre más allá de las "obligaciones"— se ofrecían como gloria y expiación. El encuentro *con el otro, o contra el otro,* adquiría una significación memorable y legendaria. *Lo histórico se sumergía en la necesidad de lo extraordinario. El oro y la riqueza eran los signos externos de esa evidencia.*

El *Poema del Cid* (o *Poema del Mio Cid)* podía ser el paradigma, el "ejemplo", de esa *actitud moral-amoral respecto al "otro".*

> ¡Alabado sea Dios, Señor espiritual!
> Nos metimos en sus tierras, les

hacemos mucho mal,
el vino suyo bebemos y nos
comemos su pan.
Con buen derecho lo hacen
si nos vienen a cercar,
como no sea con lucha esto
no se arreglará...

Las menciones al oro y el botín en la mesnada cristiana del *Cid* son, insisto en ello, permanentes; casi angustiosas. El poema legendario es una radiografía donde no siempre resulta fácil disociar la fe de la rapiña; la fe del atropello; la masacre del impulso evangelizador. Esa contradicción sobrecoge el ánimo.

Sin embargo, *desde un riguroso y estricto análisis de contenido del discurso, no creo que exista otro texto tan significativo en cuanto a la repetición del vocablo "ganancia" (inherente a la batalla contra el "otro", el "próximo" o "prójimo" que no aparece revestido de la imagen del odio, sino del buen derecho para esquilmarle), "oro", "plata", "botín" e inclusive, "descabezamiento" como en el* Poema del Mio Cid. *Baste recordar que el juglar que escribe el poema hace decir al* Cid, *en un momento dado, "si sería más adecuado 'descabezar' a los moros prisioneros o ponerlos a trabajar..."*

El trabajo *no emerge, de ese guerrear, como un bien, como un ascenso del hombre hacia el reconocimiento de su propia identidad por vía de sus obras. Es otro modo de existir; otras las preocupaciones.*

Otro modo del existir, como espontaneidad vital, aparece en, y desde, ese proceso. Durante siglos la experiencia histórica española fue única. Eso es patente desde la perspectiva misma de los europeos. Lo revelan los estudios, maravillados y duros, de Marcel Bataillon y Lucien Febvre. Ellos pensaban que la coexistencia de los cristianos españoles con los judíos y los "moros" había convertido a los primeros en unos herejes especiales *que ni tan siquiera creían en la Santísima Trinidad.* Ese pueblo poscolombino entraría en contradicción con ese significativo supuesto, y, por tanto, crearía las condiciones para un gran conflicto histórico, y psíquico, puesto que España se convertiría en *el portavoz religioso de la cristiandad no-protestante y, por tanto, en la espada de la Contrarreforma.* En otras palabras: desvelemos las trampas, visibles, audibles, de la simplificación.

En efecto, lo imaginario va a ser tan desconcertante como lo real. Dicho de otra forma, Colón ante la magnificencia del "otro", y de su "paisaje" natural, creerá en el Paraíso. Sus lecturas del *Imago Mundi* de Pierre d'Ailly le preparaban para aceptar que ese jardín inefable tendría que estar en una región templada: "el paraíso terrestre se encuentra —apunta— al fin del Oriente". *Lo vaticina sin dudas. Ve el universo vegetal como un paraíso para la gloria y como medicina natural, pero los ríos son, a su vez, un camino hacia el oro: hacia los reyes de Cipango —Asia— y los yelmos dorados. Ruta de Marco Polo.*

El viernes 4 de enero de 1493 el Almirante de la Mar Océana inició el retorno hacia Castilla para anunciar el "descubrimiento". Una de las carabelas, la *Pinta,* mandada por Pinzón, había desaparecido en el mar y nada se sabía de su capitán, famoso, que exploraba la zona. La *Santa María,* varada, estaba inservible; en la *Niña,* no cabían las dos tripulaciones. Así que, con grave dolor, pero sin opción, debió dejar una parte de su gente en el Nuevo Mundo. Allí quedaron, en diciembre, en un fuerte y bajo el nombre de *Villa de la Navidad,* en La Hispaniola, al norte, al pie del Monte Christo. Despedida sombría, premonitoria del desgarramiento y la muerte. Dejó abastos; suplicó a la gente, temeroso de la violencia, que se tratara bien a los nativos y encomendó a Diego de Arana, de la familia de su amante, la cordobesa Beatriz Enríquez, la capitanía de la *Villa de la Navidad*. Treinta y ocho hombres con él. Nunca más se les volvería a ver. Nunca más se sabría qué pasó con ellos.

Dejaba Colón tras sí, como anticipo de lo que vendría, los hallazgos y descubrimientos de Cuba, Haití, Santo Domingo. Sus carabelas, febriles, habían buscado, incesantes, el oro. En el regreso, en el pleno invierno atlántico, les tocaron duras tormentas que aguantó, como pudo, la carabela pequeña. La *Niña* bailaba en las olas. ¿Llegarían? La *Pinta*, finalmente, había reaparecido (las relaciones de Colón con Martín Alonso Pinzón se agriaron porque Colón creyó que un capitán quiso navegar a España en solitario para adelantarse a él mismo), pero las tempestades empujaron a Colón hacia el Tajo. Así llegó a Lisboa, de retorno, el hombre que allí se había casado con una portuguesa de la nobleza y a quien la monarquía lusitana negó la posibilidad del viaje "a Cipango". Venganza fría y ardiente, en esas horas, del descubridor.

La *Niña*, en el puerto, en el Tajo portugués, fue parada y camino de las multitudes. El rey luso, generoso y astuto, recibió a Colón, en su palacio, con los honores debidos a un almirante de Castilla. Viejos resentimientos surgieron o se apagaron a la luz del protocolo. Se hablaba de muchas maneras; de muchos modos, con muchas lenguas. Entre ellas, las de los indios que acompañaron a Colón en su viaje de retorno. Maravillaron a Portugal. Los portugueses no se cansaban de ver al "otro".

El 15 de marzo de 1493, por el santo mediodía, la *Niña*, pequeña y marinera, llegaba al Puerto de Palos. *Habían salido, de allí mismo, un viernes 3 de agosto; llegaron a la altura de la costa, en el alba de la primavera, en un viernes 15 de marzo.* Curiosa simetría semanal. La *Pinta*, a quien las olas gigantescas del Mar Tenebroso arrojaron hasta Galicia, atracó poco después. Al lado de la *Niña* fondearía.

Los reyes de Aragón y Castilla estaban, por entonces, corte viajera, en la ciudad catalana de Barcelona. El 30 de marzo, sabiendo las noticias, le escribieron al Almirante. Carta desde lo alto de la muralla del pasado que no siempre anunciará un futuro esclarecido. Carta de singular grafía: "Don Cristóbal Colón, nuestro Almirante del Mar Océano e Visorey y Gobernador de las Islas que se han descubierto en las Indias..."

Cristóforo, *Cristo ferens*, se dirigió primero a Sevilla —recibido por las multitudes para ver a los "otros" del mundo que le acompañaban, con el oro y los papagayos— y, finalmente, a Barcelona para entrevistarse, en esta última ciudad, con los reyes mismos. Fue una peregrinación nunca vista. Los monarcas españoles, según Las Casas, lloraron ante el relato que les hizo el seductor. Más aún: le sentaron a su lado y le llenaron de más honores. Además de ordenarle que preparase la segunda flota. Serían cuatro sus viajes. Le prepararían para la gloria y la desdicha.

Después del cuarto viaje comenzaría la disputa jurídica, inacabable, de Colón con el Estado español —en orden a los privilegios obtenidos en las capitulaciones— y la preparación polémica y doliente para la muerte.

XXII. GLORIA Y DEVASTACIÓN: LLEGAR Y COMENZAR

UN TESTIGO de su tiempo, un observador lúcido, Pedro Mártir —un italiano que estaba en España, Pietro Martire de Anghiera—, ha contado los días del recibimiento de Colón al regreso del primer viaje. El universo entero, quizá, esperaba lo extraordinario. Fue así.

Una multitud inmensa se apostaba, con los ojos de los niños y los magos para ver, en Barcelona, donde llegara Colón el 20 de abril de 1493, al viajero enigmático, al Almirante de la Mar Océana, al Virrey y Gobernador Perpetuo —vano delirio— de las islas descubiertas en las Indias...

Por vez primera el "otro", el rostro del hombre universal de las Américas, entraba en la pupila del europeo. En efecto, allí mismo, con él, desfilaban seis indios de las Américas; no de las Indias de Marco Polo.

El Cristóforo, *el Cristo ferens,* el Portador de Cristo, era acompañado con la *prueba vital* del encuentro: seis indios (otros tres se habían quedado enfermos en el Puerto de Palos y otro había muerto en la travesía, señala el historiador H. Houben en su *Christophe Colomb)* revestidos de adornos y plumas. Nunca sabremos qué pensaban. Jamás hemos tenido noticias de sus voces de angustia, sobresalto, dicha o desdicha; nunca hemos sabido —nadie les preguntó— qué les pareció el Mar Tenebroso y la Europa que ellos *descubrieron,* forzada y adánicamente, pero que desfilaría bajo sus ojos con la magnitud, ignota, del hallazgo: *el suyo propio. ¿Por qué no existieron?*

La ciudad condal catalana, la Barcelona mediterránea que había iniciado la modernidad económica, vio aquella procesión inaudita. El Almirante de la Mar Océana tuvo a sus dos hijos a su lado: Diego, el hijo legítimo que tuviera de su matrimonio portugués con Felipa Moniz, y Fernando o Hernando —su cronista y biógrafo—, que lo hubo con Beatriz Enríquez Arana: la cordobesa. Esa cordobesa que ha pasado por la historia sin reconocerse a sí misma porque él, finalmente, no la hizo su mujer. Pero ahí estaban los tres, con el padre, en el gran desfile, camino del alcázar real.

Se cree que fue el 30 de marzo de 1493 cuando los reyes les recibieron. Isabel y Fernando se levantaron para abrazarle y le condujeron, a su lado, a un asiento preferente. Toda la corte, pasmada *del boato,* observaría el honor extraordinario que significaba sentarle, a él, mítico, rostro aún desconocido para nosotros, a su altura y nivel.

¿Qué se dijeron en esos momentos de exaltación y dicha confesable e inconfesable?

> El Señor —escribió Colón al tesorero Sánchez— ha acordado a los hombres lo que no podían imaginar obtener. Pues Dios ayuda a sus servidores y a los que obedecen su palabra, mismo en lo imposible. Esto es lo que me ha pasado a mí que he triunfado en una empresa que ningún mortal había realizado...

Un lenguaje cuyo contenido, en el análisis de los signos cifrados y las palabras ostensibles, aún diseñaba el error de creer que había llegado a Asia. En su carta a Santángel le refería, acaso, el sueño revelado: "En setenta y un días he llegado a las Indias y he encontrado numerosas islas de las que yo he tomado posesión en nombre de Sus Altezas..."

Y de pronto una frase solitaria en el texto (conocido como *Carta a Santángel* que, repitamos, era de origen judío, converso y había influido notoriamente para que se realizara su viaje) del Almirante: "...sin encontrar ninguna oposición. La primera [de las islas] yo la he llamado San Salvador en honor de la Divina Majestad que me ha dado todo este milagro..."

El "otro", desnudo, era para él, *vestido, "cocido"* (podría decir Lévi-Strauss, el gran antropólogo), la antítesis. Se observa su sobresalto. Aparece, en los escritos, como fantasma y realidad irrenunciable: "La gente de todas las islas que yo he visto —le añade a Santángel— viven todos desnudos, tanto bien los hombres como las mujeres y no conocen el hierro y no tienen armas. Están bien hechos, de buena estatura..."

Señala el temor del "otro", de los "otros". Advierte, a la vez, su sencillez y humanidad cuando *el miedo al "otro" les abandonaba.* "Pero desde [que] el temor les abandona se muestran de una sencillez y liberalidad que no podría creerse. Cualquier cosa que se les pida no la rehúsan y se muestran contentos de todo lo que se les ofrece..."

Eso no es el fruto histórico del "buen salvaje"; es el fruto de una experiencia civilizada.

El rostro del *otro,* imagen de una crisis que precipitará la compleja violencia del existir, aparece en ese escorzo ritual. Las palabras, mediáticas, apenas nos proporcionan una idea objetiva del problema. ¿Olvidaba Colón que el 13 de enero de 1493, en una bahía que los marineros de Colón bautizaran Bahía de las Flechas —en La Hispaniola, hoy República Dominicana y Haití—, hubo un primer combate con unos indios del Caribe de largos cabellos —"tanto como los llevan las mujeres de Castilla"— que con el nombre de ciguayos o cigallos mataron a un piloto a flechazos y de ello derivó el primero de los choques de la sangre? Pronto correría en cascada. ¿Cómo evitarlo?

XXIII. LA "DIVISIÓN DEL MUNDO" Y LAS NUEVAS EXPEDICIONES COLOMBINAS

EL FESTEJO real se terminó en Barcelona. El Magnífico Señor Don Cristóbal Colón, después del solemne *Te deum laudamus* en el salón del trono, se encontró ennoblecido. El 30 de mayo de 1493 se le diseñó su escudo de armas. Aparecían en él, además de la torre y el león de Castilla y León, unas islas doradas emergiendo del agua y la espuma de cara a un continente dorado. El oro. En el desfile se habían visto pepitas de oro, collares y máscaras áureas. La reina, como le había prometido, le concedió el premio, además, que señalara para quien viere "tierra" por vez primera y antes que nadie.

Colón se atribuyó esa primera mirada sobre la "lumbre" que se adivinaba en la oscuridad. No se entregó el premio, pues, al marinero que gritó "Tierra" después... *¿Después o antes?*

Nunca lo sabremos. Colón, nada dispuesto al reparto, quiso ser él, también, *el primero que viera el infinito.*

El hijo de Colón, Diego, se convirtió en paje del príncipe Juan, el hijo de los reyes que, por cierto, moriría pocos años después. En suma, Colón pasó a ser un personaje de la corte española.

Pero los reyes pensaban ya en términos políticos. Roma de igual manera. El 3 de mayo el papa Alejandro VI promulgó una bula concediendo a los reyes de Castilla y Aragón las Indias descubiertas o que se descubrieran "así como antes había concedido al rey de Portugal —dice Madariaga— las tierras descubiertas *in partibus Africae, Guineae et minerai auri*", las regiones por encontrar en el Nuevo Mundo.

Finalmente, *la línea, la división universal* entre los dos reinos, el de Portugal y el de España, fue definida en un mapa anexo a la bula *Inter caetera* A (3 de mayo de 1493). En ella se refiere el papa Alejandro VI "a terras et insulas remotas, a certas insulas remotissimas et etiam terras firmas". Luis Weckmann, en *Constantino el Grande y Cristobal Colón*, editado por el Fondo de Cultura Económica, añade: "el papa entiende que los Reyes Católicos [todavía, cabe volver a insistir de mi parte, todavía no había recibido ese título, pero es comprensible que la generalización lo anticipe para más rápida identificación] se comprometen a hacer predicar entre los naturales de ellas las verdades del Evangelio, *sanctum et laudable propositum...*"

La bula *Inter caetera* A no resolvió las demandas de la Corona española y, con fecha 4 de mayo de 1493, el Papado expidió una segunda bula, *Inter caetera* B, "que realmente fue despachada el 28 de junio" dirá el mismo investigador.

La línea de división del papa Alejandro VI, vista desde nuestra mentalidad actual y en nuestras circunstancias, no deja de ser un acto asombroso. La *línea*, la raya, teóricamente, va de polo a polo y, en la compleja trama de la historia del poder, por delegación divina, pero a la que pronto se impondría la proposición imperial, y, según ella, las tierras situadas a 100 leguas al oeste de la última estribación de las islas Azores quedarían para España y a Portugal los territorios al este de esa frontera realizada con la punta de una pluma (según muchas de las ideas de Colón que entra así, también, en la historia de un papa) sobre un espacio atlántico todavía bien teórico.

Las protestas de los portugueses, mareantes dotados, fueron sonadas. Alejandro intentó remediar el problema con la bula de aplicación (bien entendido y dígase que hubo discrepancias sobre si el nombre correcto de las decisiones del papa eran bulas o no) *Dudum siquidem,* en octubre de 1493.

Finalmente, ante los mutuos reproches y reclamaciones, se firmó el Tratado de Tordesillas, el 7 de junio de 1494. Según ese tratado la línea de las bulas *Inter caetera* A y B se trasladaba a 370 leguas al occidente de las islas de Cabo Verde. Con ello se ampliaba el "espacio" luso que incorporaría el enorme "saliente" de Brasil aunque todavía se hablase de "ínsulas". El papa Julio II (1503-1513) ratificó los principios anteriores, el 24 de enero de 1506, con la bula *Ea quae.* Granzotto dice "que era una verdadera línea de reparto oceánico".

Se olvida, a veces, ese mecanismo de apropiación a escala que respondía, todavía, a la idea papal del dominio universal "en el nombre de Dios". "Durante 300 años fue la base legal, no obstante, de la expansión española." Colón, si fue el artífice teórico de Tordesillas, aunque ya estaba en su segundo viaje, no se equivocó respecto a la enorme extensión de las tierras que iba a encontrar al Oeste...

El segundo viaje colombino fue ya, como podía preverse después del recibimiento de Barcelona, un verdadero periplo de gran señor. Su jurisdicción como Almirante del Mar Océano, tanto según la *Inter Caetera* como de acuerdo con el Tratado de Tordesillas, era enorme. Colón, que había hecho venir de Génova a sus hermanos Giácomo y Diego, como antes a Bartolomé, dispuso, en su segundo viaje, que partió de Cádiz, de una *verdadera armada: 17 buques y 1 200 hombres.* La flota fue equipada como la punta de lanza de futuras posibilidades. En efecto, llevaba semillas, vides, animales domésticos (del caballo al cordero) bajo la vigilancia de un funcionario de la Corona: *Fonseca,* que parece era un excelente administrador. Pedro Mártir, ya citado, hizo sonada recapitulación de los hechos en su *Primera década* y de las características de la aduana que se creó, para llevar adelante la empresa, en Cádiz. Levó anclas, Colón, en este segundo viaje, el 25 de septiembre de 1493.

Pero Fonseca, como un tesorero llamado Francisco Pinello y su jefe contable de nombre Juan Soria, no dejó de tener problemas con *el Imaginario,* esto es, con Colón. El Seductor, arrogante, creía estar por encima de la contabilidad; no lo creían así los puntillosos burócratas del Estado, que no admitían disidentes. Esos burócratas elevaron sus iras, como pudieron, a los reyes; Colón les llevó sus quejas, a la vez, de monarca oceánico. Los reyes, de cara a un "Estado novo", pensaban que su "Visorey" renegaba de "toda autoridad". El genovés, de genio pronto, no renunciaba a sus ideas fijas; los burócratas, menos, a sus moldes normativos. Difícil signo. Generaría tempestades.

De todas las formas así comenzó, en aparente gloria (la expiación llegaría pronto), el 25 de septiembre de 1493, el segundo viaje colombino. La *Niña* fue rebautizada *Santa Clara.* Los Niño de Moguer, tan notables, volvieron a estar a su lado. No los Pinzones que, muerto ya Martín Alonso Pinzón, no le acompañaron. Las querellas intestinas se habían envenenado. No es fácil vivir; menos, aún, *hacer*. Por lo demás, entre los navegantes estuvo Pedro de las Casas (padre de Bartolomé, el fraile magnífico) y también un ciudadano de Savona, un tal Miguel de Cuneo, que escribió un magnífico relato del viaje por vía de las cartas que escribiera, sobre su patrón, a sus amigos de Liguria. Aún nos hacen sonreír; vivir y morir. Un escritor argentino, Cuneo, amigo mío, acaso tiene ese origen.

Colón, revestido de opulencia, mandaba a bordo de la *Santa María,* esto es, la nueva *Santa María,* porque la primera, la del viaje inicial, se estrelló en las islas. En suma, desde el faro de Cádiz y los muelles de la hermosa ciudad se vio partir, entre "vivas", la gran flota. En siete días llegaron a las Canarias. Allí, el Almirante, amoroso de amores, tuvo "otra" Beatriz. Al menos eso se susurraba en las amuras. El 13 de octubre de 1493, "un año y un día después del primer desembarco, Colón llegaba, de nuevo, a San Salvador..."

No es el propósito de este ensayo de aproximación a la España precolombina —movilizada por la Reconquista y el fin de la coexistencia de cristianos, judíos y musulmanes— y al incierto y deslumbrante rostro del "otro" Colón y del "otro" hombre-mujer del siglo XV atlántico, recoger, con absoluto detalle, la historia de los cuatro viajes. El objeto es otro.

XXIV. ADIÓS A LA PRIMERA "POBLACIÓN" EUROPEA EN EL CARIBE; FIN DEL FUERTE NAVIDAD; FIN DEL "OTRO" COMO PAZ IDÍLICA; FIN DEL COLÓN "EJEMPLAR": CADENAS Y JUICIOS

QUIERO señalar, únicamente, que si el 13 de enero de 1493 fue, de una parte, la fecha del primer combate a espada entre los hombres de Colón y los pobladores del Caribe, en el segundo viaje Cristóforo, *Cristo ferens,* tuvo ocasión de ver ya el rostro inaudito y terrible de la responsabilidad. En efecto, después de navegar y descubrir entre Dominique y Puerto Rico enderezó el rumbo hacia *La Hispaniola* (Santo Domingo), porque estaba deseoso de encontrarse con los marinos y soldados que había dejado allí, como primera población de Europa en América, en el llamado *Fuerte de Navidad:* al norte de la isla, a orillas del río Yaque y cercanamente a Monte Christo. Tal nos dice.

En noviembre de 1493, el día 23, estaban ante Monte Christo. Un bote descendió del *Santa María* para llegar al río. Los marineros vieron en las orillas, amarrados entre sí, dos hombres: eran —descompuestos— irreconocibles, pero sí miembros de la colonia *Navidad.* Ni uno solo de los 38 o 40 que quedaron allí, entre las maderas recuperadas de la vieja carabela naufragada —la *Santa María—*, quedó con vida. Nunca se supo cómo ocurrió esa primera hecatombe. Se achacó a las bellísimas indias de la región —choque de pasiones— la causa. Se dijeron muchas cosas; se creyó que los colonos de Fuerte Navidad irritaron a los habitantes de la región por alguna cuestión no conocida, pero presumible: cóleras y oro; mujeres y hombres.

El fuerte había sido saqueado. Bajo la luz clamorosa y deslumbrante apareció, como un reclamo fantástico, el ancla de la *Santa María*. Piedras y silencio, tablas carcomidas. El jefe de una tribu próxima, Guacanagari, habló del desembarco de una tribu de guerreros procedentes de otras islas. Fue inútil la reconstrucción del problema. Según Las Casas y Hernando Colón los marineros, apresados en un rincón del mundo, quisieron oro y mujeres (¿cuál opción primero?) y salieron en busca de las dos cosas y perecieron en la aventura.

> La masacre de Navidad —dirá Granzotto— marcó un cambio radical en la historia de las relaciones entre europeos y americanos. Colón comprendió, inmediatamente, con la rapidez de percepción que lo caracterizaba, que terminaba la visión fabulada del buen salvaje y que la colonización de las nuevas tierras sería una dura conquista. Terminaba —añade— la pacífica exploración de los mares. La felicidad, el momento mágico del encuentro entre los dos mundos había terminado con el fin del Fuerte Navidad...

Recojo y releo ese texto lúcido, penetrante, porque parece válido como exploración de mi propio texto. Añadiría, con respeto, que es sólo la visión de un lado. Del otro lado, a su vez, *desde el "otro" incierto y concreto que emergía, la conquista dura* quizá había comenzado antes de la espada y la explotación; antes de que, con las minas y el oro, se ataran los navíos y los hombres a una encrucijada material y moral sin salida fraterna. Al menos, en los primeros inicios, como vía hacia la convivencia. En suma, ¿cómo compaginar la desposesión de los unos con la posesión de los otros y con Dios, además, de parapeto y como frontera dialéctica para el nuevo discurso?

Quizá, en el fondo, el "buen salvaje" y el "mal salvaje" eran formas idénticas de una misma proposición de las cosas. Los *distintos,* los desiguales no podían ser, todavía, *complementarios.* Una carga asimétrica, cultural, les impedía la comprensión. Los cadáveres en descomposición que encontraron los Colón ante el Fuerte Navidad —alrededor de seis u ocho cadáveres, finalmente, según Mahn-Lot— no pudieron explicar, tampoco, su odisea.

De acuerdo con Las Casas, el padre Boyl pidió que se diera un castigo ejemplar a la tribu vecina, seguramente responsable o corresponsable, pero, también según Las Casas, Colón se negó porque "sería causa de guerra y los Reyes me han enviado para hacer establecimientos y han gastado mucho en ello y, además, sería un inconveniente para la conversión de esta gente a nuestra Santa Fe que es el objetivo principal de la empresa..." *Inter caetera,* pues.

Luego, puesto que la Armada había significado una alta inversión, tenía que continuarse la búsqueda del oro. El pretexto ideológico, como inercia, estaba en marcha. El 5 de enero una expedición partió para el centro de la isla Española. Se sabía ya que el imperio de la gracia había terminado; el imperio de la fuerza se inauguraría, a su vez, por siglos. Colón, siguiendo las palabras de Las Casas, "tenía gran devoción a la Virgen, pero era el primero en hacer correr la sangre en caso de disputa o contienda..."

Así, complejos, solitarios y dramáticos, entraban en escena los hombres. Una inmensa conmoción de la Humanidad comenzaba. Las civilizaciones, hechas de luz y sombra, de la mediación agónica y esplendorosa de la esperanza y la inmisericordia, iniciaban el encuentro. Por lo pronto, *la Colombia de Columbus se llamaría América.*

El segundo viaje ¿qué dejó? El primero fue, dijérase, *un descubrimiento equivocado que, sin embargo, cambiaría la conciencia de la Humanidad.* Siempre que se entienda que Colón había llegado sólo a *la periferia* de un universo que, *continentalmente,* había creado la estructura cultural, social, arquitectónica, económica y lingüística, con sus estratificaciones de poder, *de las civilizaciones mayas, mexicas, incas. La penetración sería, a la vez, violación y deslumbramiento.*

La visión del *buen salvaje o del mal salvaje* en la periferia caribeña había revelado, para Colón, *la continuidad de la humanidad "por otro camino".* El encuentro con las civilizaciones —que les corresponderá a los "otros", a los "conquistadores" y los "evangelizadores"— será la historia de una serie de destrucciones incalculables. Se trataría, por tanto, de destrucciones muy distintas que las generadas —por desconocidas que fueran por los *decretos de expulsión*— al finalizar la coexistencia de "España" con los disidentes judíos o musulmanes en España. Decirlo puede ser una proposición hacia la reflexión crítica. En efecto, la coexistencia en España dejó, tras sí, primero, a los conversos y, en segundo lugar, la estructura de su creación social y arquitectónica que no sería reemplazada o destruida en nombre de Dios frente a los "otros" dioses.

Por eso mismo la interrogación es importante. ¿Qué dejó el segundo viaje colombino? Gianni Granzotto titula ese capítulo así: *"Segundo viaje: un millar de islas."* Cabe añadir algo indispensable: *las tripulaciones —considerables en la segunda travesía puesto que se conformaban con 1 200 personas— estaban ya "avisadas". Conocían que su destino era, a la vez, lo maravilloso, la posibilidad de la hazaña y la conquista del oro. El hallazgo, por tanto, de la destrucción del Fuerte Navidad supuso la liquidación de lo idílico. El "otro" existía ya como* identificable. *No sólo era cortés, amable, recogía abalorios y se mostraba riente y desnudo. El tránsito al hombre identificado por la defensa (como antiofensa) de su territorio y su hábitat supuso un estremecimiento.*

El gran pastel iba a ser disputado a dentelladas. El "otro", el inmaterial perfil del rey de la barba florida de Marco Polo, dejaba paso a lo real. El Estado tenía que subvenir necesidades, disponer reservas, crear las condiciones materiales de la conquista. Ese gran tema, el tema de la verdad, chocaba con la vida. En suma, ¿se tenía la certeza de que se había llegado a un continente? "¿Con qué armas legales se iniciaba la penetración?" Los teólogos se interrogaban y se respondían. El hierro de la esclavitud o la idea de la libertad como reflejo de la humanidad idéntica. ¿La fe implicaba, por sí, una liberación en el sentido absoluto del término? La pregunta, como en la Granada conquistada y vencida en enero de 1492, con los musulmanes derrotados en su interior, suponía el regreso a lo Absoluto o lo Relativo. ¿Quién dictaba la última palabra sobre el Bien y la Verdad?

En otras palabras, *¿se podía evangelizar por la fuerza?* Para mucha gente, en la corte o en la Iglesia, estaban presentes, aún, como para Colón, las capitulaciones de Granada. ¿No se había prometido a los últimos moros de la última ciudad árabe e islámica de España que se respetaría su fe, costumbres y derechos? ¿El propio obispo de la ciudad, Hernando de Talavera, no se puso, él mismo, a estudiar el árabe (ordenando que así lo hicieren sus sacerdotes) para predicar la Buena Nueva desde la propia lengua de los vencidos y por la vía pacífica? Sabemos que tuvo que ceder el paso a los violentos —Torquemada al frente—, animados por la *fe conquistadora.* ¿Se pensaba en eso, a la hora de explorar en América? Sin duda que sí porque todo estaba muy reciente; las heridas abiertas; la sangre cristiana, judía, árabe, todavía viva. ¿Puede desconocerse ese inmediato pasado?

Un problema nuevo, en el segundo viaje, no estuvo, al menos, presente, durante el primero. En el primero Colón fue una excitación, un *subproducto histórico* de la euforia de la Reconquista y una prueba, testimonial, de la extraordinaria personalidad del *Cristo ferens.*

En el segundo viaje Colón es un líder, un gobernante. No sólo un almirante azaroso. En consecuencia, *sus órdenes se transforman en actos sociales, en hechos sociales. El descubrimiento se convierte en problema de gobierno, conquista, prioridades y organización concreta. A Colón se le exigirán dotes que nadie sabía si tenía.*

El egoísmo ("Cristóbal Colón era hombre egoísta en grado sumo", dice Madariaga) de Colón me parece mucho menor que su egolatría. Su identificación con el oro —que vendría a ser su "escudo", su vinculación a los grandes poderes que iban a expresarse en la riqueza como *idea del mundo*— le convertirá en un hombre obsesionado.

En sus barcos —en el segundo viaje— llevaba semillas y ganados, sobre todo caballos, pero también labradores y expertos. Era factible inventar entonces, antes de la ética del protestantismo según Weber, ¿un proyecto fundado más en el trabajo que en el expolio? No; si se dependía de un Poder que necesitaba recursos inmediatos. Para hacer lo contrario se hubiese necesitado a los "peregrinos", es decir, a unos hombres que se separarán y escindirán de su "patria" inglesa para construir un "hogar nacional" exento de la autoridad eclesial de Inglaterra. Su caso fue, en principio, una rebelión ideológica. No era ése el caso de Colón. Si Colón hubiera sido el *doctor Chanca*, el médico que acompañaba a la expedición como naturalista, las respuestas, quizá, hubieran sido otras. Lo cierto es que el segundo viaje fue un ingente recrear la mirada por el espacio insular. La gente se impacientaba. El Almirante ofrecía a la Corona que, en poco tiempo, "podría enviar tanto oro como las minas de Vizcaya daban hierro".

Pero el Almirante tenía que asumir *el gobierno de la ciudad*, de la ciudad-flota y la "ciudad" donde se atracaba y se construía. Ese tránsito, con su hermano Diego, poderoso y abúlico, no era un tránsito fácil. No se trataba, ahora, de 90 hombres, sino de más de un millar. La organización de la alimentación, en etapa de lluvias, en un espacio húmedo y progresivamente *cerrado* a los expedicionarios, requería dosis de prudencia que el Almirante de la Mar Océana no poseía. *Era un seductor; no un jefe.* Las tensiones crecieron entre los hombres de acción y el hombre de la pasión. Funda, en La Hispaniola, no muy lejos de donde se había levantado el *Fuerte Navidad*, la primera ciudad. En recuerdo de la reina la llamó *Isabela*. La generación de 1451, en 1493, se había hecho mayor de edad y sobradamente: *Isabel de Castilla y Cristóbal Colón tenían ya 42 años. A esa edad, entonces, la vida pesaba.*

Las exploraciones, sin duda, excitaron la imaginación, pero debió mandar una flota a España, bajo el mando de Antonio de Torres, para recabar nuevos auxilios. Le enviaba, con él, carta a los reyes con esperanzas —tarea en que Colón era mágico—, pero las cargas de oro se elevaban a cifras modestas (30 000 ducados al cambio) lo que ni de lejos podía compensar los gastos ya efectuados y, sobre todo, respecto a sus propias peticiones nuevas que eran urgentes: carabelas con alimentos frescos para hacer frente a las necesidades vitales y las epidemias que ya surgían.

Entre las proposiciones de Colón a los reyes, para compensar desilusiones inmediatas, estaba una idea que no se aceptaría: que se enviaran ganados compensados con el traslado a España de *esclavos caníbales*. ¿Es el primer proyecto de esclavitud en los textos colombinos? Parece, desde el punto de vista textual, que ésa sería su primera *aproximación* al tema. El Almirante, convertido en virrey, cree posible *cambiar la idea del oro por los esclavos*. Por otra parte, y a su vez, el carácter de Colón suscitaba enemistades, tensiones. Los funcionarios de los reyes que viajaban con misiones específicas en la flota, querían, a su vez, informar y generar sus propios documentos para los monarcas. Es seguro que tenían esas instrucciones. Fernando de Aragón era un príncipe desconfiado; Isabel una reina hecha desde un golpe de Estado. Querían tener, a su Almirante, bajo control.

Sobre todo, cuando la experiencia colonizadora de Isabela, la primera que correspondía enteramente al virrey perpetuo, Cristóbal Colón, no funcionaría bien y los problemas de la alimentación se hicieron graves y, por tanto, aparecieron, patentes, las carencias personales del propio Almirante.

Olvidaba Colón que los reyes habían creado ya una comisión, presidida por el obispo Juan Rodríguez de Fonseca, miembro del Consejo de Castilla, para definir y establecer las normas, reglamentos y organización de las relaciones comerciales con los nuevos territorios. Fonseca, que pronto sería "Patriarca de las Indias" y pertenecía al Consejo de Castilla, no era un hombre cualquiera. Era un religioso informado y quería, además, ser bien informado. *En suma, el todopoderoso Almirante de la Mar Océana (mientras sólo tuvo ante sí el vacío) se iba a enfrentar, casi inevitablemente, con la razón de Estado. El vacío, pues, tenía que llenarse de hechos; las promesas, de realidades macizas.*

Colón estuvo fuera de España, durante su segundo viaje, desde el 25 de septiembre de 1493 —día que levó anclas en Cádiz— al 11 de junio de 1496, día en que ancló, de nuevo, en la bahía de la misma ciudad.

El *espacio geográfico* se había ensanchado; pero también los problemas. Isabela era un dolor de cabeza que se confrontaba con la verdad: caballeros, funcionarios, marinos, colonos. Colón tenía, al tiempo, que navegar y *reconocer. Reconocer,* porque él era el viajero que preveía, en el pacto, la navegación hacia Asia. Por eso ante los promontorios cubanos creyó ver el continente. El itinerario es fabuloso. De La Hispaniola (Haití-República Dominicana) a la exploración de todo el sur cubano, hasta Guantánamo, ya de regreso, con la exploración del norte de Jamaica.

Dios ahoga; no aprieta. Colón nombró, a su hermano Bartolomé, Adelantado en La Hispaniola. Lo hizo porque estaba enfermo, débil y febril. El nepotismo, sin embargo, se paga. Su hermano, inteligente pero despótico, sin la personalidad de Cristóforo, concilió lo que parecía inconciliable, es decir, unió a la gente, escindida en clanes, *contra los Colones.* Gobernar exige una dieta especial de rigor y distancia. Los Colones carecían de la una y la otra. Se aproximaban a las cosas desde la intuición y la osadía. Era poco y era demasiado; insufrible a veces. Los documentos y los testimonios lo prueban.

En octubre de 1495 —octubre, octubre— recaló en La Hispaniola, en Isabela, un comisario regio, Juan de Aguado, que tenía por misión saber qué ocurría en la empresa real, es decir, con una empresa que había forjado la Corona. No encontró al Almirante, que estaba de guerra o exploración. Cuando se vean, el uno frente al otro, se detestarán. Colón, lúcido, de todas las formas no impide la investigación, al contrario. Le anticipará, probablemente, lo que iba a saber pronto el comisario regio: *que las protestas de la gente, como después en el caso de los "peregrinos" de Estados Unidos —que se pusieron a labrar las tierras— se centrarían en las carencias de comida. La verdad es que Torres regresaría de España con varias carabelas cargadas de alimentos y, en general, con lo que pidiera Colón, pero muchos de los malestares de los españoles entre sí o con los indios no menguaron. Al revés.*

El descontento era cierto: la mayoría quería regresar a Castilla. El oro estaba lejos; la riqueza escasa; los habitantes progresivamente hostiles porque Colón tuvo que hacer actos de violencia después de lo acontecido con el *Fuerte Navidad.* En suma, no demasiado, pero suficiente para los recolectores de los datos del odio. El tal Juan de Aguado, dice Jean Descola en su *Cristóbal Colón,* no se quitó el sayal de franciscano y con él se presentó después ante Isabel de Castilla, que era ya, por ese tiempo, *Isabel la Católica.*

Colón, por su parte, se dispone al regreso. La estancia en Isabela de Juan de Aguado se le había atragantado. En voz baja había dejado traslucir, Aguado, que venía a ver cómo gobernaban los "extranjeros".

El 24 de abril de 1496 Colón se embarcaba para España —poco después que Aguado— dejando al mando a un consejo a cuyo frente estaba su hermano Diego, incompetente, pero no tan comprometedor como Bartolomé, el padre Buil, Pedro Hernández Coronel, Alonso Sánchez Carvajal y Juan de Luxan.

Levó anclas, camino del regreso, con tres carabelas, la *Niña,* la *San Juan* y la *Cordera.* Eligió una ruta complicada porque quería explorar. En Guadalupe atracó en busca de víveres frescos. Llevaba consigo a 30 indios, uno de ellos bautizado Diego Colón y, entre ellos, el jefe Caonabo que le había combatido fieramente. Algunos de los indios, como el propio Caonabo, murieron en la larga y dura travesía del retorno.

El viaje, en efecto, fue dilatado en tiempo y complicado, técnicamente, porque Colón también se aventuró en nuevas rutas y visitó Jamaica y Cuba. Esta última tierra, en su imaginación, cabe repetirlo, era el anuncio, para el Seductor sin seducidos, del "continente": de Cipango y Asia. La locura, puede ser, pero también la imaginación creadora.

Los naturales, belicosos, no estuvieron amables; el oro fue insensible a las plegarias; el regreso, de mala uva y áspero. Al final, el 11 de junio de 1496, el gran personaje atracaba en el mismo puerto de Cádiz de donde había salido. El viaje había durado 52 días. Colón, pálido, enfermo, descenderá a tierra vestido de un sayal pardo. A la cintura, dura es la brega, un cordón igual al de los frailes de San Francisco. Así le descubre y relata *el Cura de Los Palacios:* Bernáldez.

En Cádiz no hubo agasajos. Los tripulantes, la color amarilla y los ojos hundidos, no estaban, tampoco, para fiestas. Los reyes recibirían a Colón, más tarde, en Burgos (la primera vez lo hicieron en Barcelona), cabeza de Castilla. Le habían dado ya por muerto. El obispo Fonseca tal debía pensar, también, porque era mucho tiempo sin sus noticias. Los reyes habían escrito al obispo diciéndole que "algo ha Dios dispuesto del Almirante de las Indias..." Mientras tanto le señalaban a Fonseca que habían decidido enviar a "las Indias" colombinas al comendador Diego Carrillo, y a alguien más, para que se "remedien" las cosas de por allá.

Pero el Almirante de la Mar Océana estaba vivo y, nada más llegar, escribió a los reyes pidiéndoles audiencia. Mientras llegaba la respuesta fue a Sevilla y Córdoba. En Sevilla se quedó en la casa del padre Bernáldez, *el Cura de Los Palacios,* escritor notable, cronista excepcional. Él ha contado, con genio y misericordia, la expulsión de los judíos:

...Abandonaron el país de su nacimiento, pequeños y grandes, viejos y niños, a pie o a lomos de asnos y otras monturas... En unas condiciones muy duras y aventureras, los unos caían, los otros se levantaban, algunos morían, ciertos nacían, algunos caían enfermos, de manera que no había cristiano que no sintiera pena por ellos y, donde iban, se les invitaba a hacerse bautizar y algunos se convirtieron por su situación y se quedaron, pero muy pocos, y sus rabinos no cesaban de alentarlos, haciéndoles cantar a las mujeres y los jóvenes y tocaban el *tambourin* para reconfortar a la multitud y así es como ellos partieron de Castilla...

El Cura de Los Palacios, cuando recibió a Colón después de su segundo viaje, estaba redactando ya, se dice, su *Historia de los Reyes Católicos.*

Bernáldez ha contado lo que Colón le señaló: que durante su viaje de retorno, con el rodeo por Jamaica y Cuba, "vio cientos de islas". Insistió ante el sacerdote, paciente, que podría jurar (y así obligó a hacerlo, casi como juramento, a sus tripulantes, que ¿qué iban a decir?) *que Cuba era ya el continente y que había llegado a Cipango.*

Bernáldez afirma que el Almirante, en esos días, tenía ya el cabello blanco. El 12 de julio la carta de Colón tuvo respuesta de los reyes. Le recibirían en Burgos (porque primero fueron a Madrid con su corte trashumante oyendo, escuchando, realizando, como *en islas,* la tarea agreste derivada de un Estado naciente), adonde, finalmente, llegaron en el mes de octubre.

Otra vez desfile y diálogo; indios y collares —uno de oro valorado en 600 castellanos— con una multitud asombrada y gozosa. No era ya, sin duda, el primer viaje.

Las protestas, las reclamaciones, denuncias, infundios, rumores, se habían acumulado contra el navegante.

Las explicaciones fueron difíciles. ¿Había pasado de la periferia al centro, es decir, tenía la seguridad de que después del cinturón de islas había alcanzado el continente? El oro era magro, el botín minúsculo, los indios, acarreados a la brava, no podían ser esclavos; eran súbditos de la Corona y no "cativos", cautivos. ¿Qué dirían los teólogos? El problema era, en principio, considerable. La Corona se rehusaba a cambiar el oro, en principio, por hombres arrancados de "sus" territorios, es decir, de los territorios de España que el papa concediera en sus bulas de repartición del mundo: como abalorios, como islas, como las "ínsulas" de don Quijote a Sancho Panza.

Colón dirá a los reyes, gentiles aún, pero ya exigentes, que las minas de oro de La Española no habían podido producir lo adecuado porque faltaban hombres aptos para esa empresa productiva. Los reyes no pensaban en los indios. Le indican, con precisión, que 500 personas de La Española eran pagadas por el tesoro de Castilla. ¿Hasta cuándo? ¿Qué hacían?

El diálogo se terminó sin dicha. Se le felicitó moderadamente. El seductor pide que se ponga en marcha la tercera expedición bajo su mando. Los reyes, cautos, piden tiempo. Los recursos eran pocos; las necesidades de la Corona, enormes.

Los Reyes Católicos estaban empeñados en crear y establecer una política internacional nueva. La política se cruzaba con los matrimonios. Su hija, Juana, se iba a casar con el archiduque de Austria, Felipe, que sería llamado *el Hermoso* y ella, enamorada y enajenada, doña

Juana *la Loca*. Se pensaba en un "destino" imperial: España, Flandes (los "Países Bajos") y Austria. En principio el matrimonio del *Hermoso* y *la Loca* de amor —la vieja herida mental en los Trastamara— supondría un heredero, Carlos I, que cambiaría todas las prioridades que soñaran los españoles según se fueron haciendo españoles. Eso se vería.

Mientras tanto, Francia quedó "sitiada" desde el Este y el Oeste. No sabían los Reyes Católicos que esa política, coincidente un día con el Imperio español en el Nuevo Mundo, supondría *el levantamiento de las ciudades de Castilla contra Carlos I de España y V de Alemania —la guerra de las Comunidades— en oposición, pues, a un proyecto que trasladaba el eje del sistema hispánico hacia Europa central con una dinastía, la de los Habsburgo, que ocuparía, por un accidente biológico, la titularidad del reino español.* De esa forma usaría sus recursos humanos, más los recursos financieros extraídos de América, para hacer frente a las guerras dinásticas, primero, de los Habsburgo en Europa y, después, para las guerras religiosas. Guerras religiosas donde España, hasta unos años antes la nación del "pecadillo" por su convivencia con los herejes, se convertiría en el país de la Contrarreforma: su espada y su dinero. Precio incalculable para el proyecto español autónomo que, obviamente, fue destruido. Y ello, además, desde el origen. El oro de América, el oro de las Indias imaginarias de Colón, desencadenó en España una elevación de precios, un proceso inflacionario que hubiera requerido una interpretación nueva de la economía. No existían, aún, esas cabezas. Se practicó, primero, el proteccionismo, ¿no era el oro la riqueza?, para evitar la salida de los metales preciosos que, después, se exportaron para financiar, sin más, las guerras religiosas de una dinastía extranjera y, a continuación, para defender la autoridad papal derribada, *con su muro romano*, en 1517, es decir, con y por Lutero. En suma, España inventó, creó y recreó *el subdesarrollo* cuando *su* Imperio parecía *su* riqueza. El centro de esa antítesis dramática es, finalmente, el Siglo de Oro: *una rebelión intelectual que no osó decir el origen de la crisis*. La espiritualidad española, fruto de la espiritualidad cristiana, judía y árabe, fue ejecutada por el ritual de la ortodoxia única. Fue el fin de una experiencia existencial asombrosa.

En pocas palabras, la rebelión de las Comunidades de Castilla, primera revolución social moderna y nacional en Europa, sería liquidada por el Imperio, *con las tropas imperiales de los Habsburgo, en las calles de Castilla, en el mismo momento que Hernán Cortés conquistaba México-Tenochtitlán*. Se rindió Castilla, pues, al proyecto de los Habsburgo en las horas exactas en que, casi homólogamente, Tenochtitlán se rendía a los soldados de Cortés y, sobre todo, a los guerreros de las naciones indias —sin ellos ni soñarlo—, naciones levantadas contra el Imperio azteca por razones internas en las que los españoles fueron "usados", en principio, como los técnicos del asalto, es decir, como ingenieros de "zanjas" en los canales y lagunas. Después el problema sería otro, ciertamente, porque se cambiaron las claves del juego.

En síntesis, se trató de dos guerras asimétricas que prepararían *"la gloria" y "la decadencia" españolas*. En efecto, España sería, de un lado, la espada imperial en los Países Bajos y, del otro, la lanza y el escudo de la

Contrarreforma. Trasladaría todas las riquezas extraídas de la "América española", la América del "otro", a la formación histórica, por transferencia de los recursos a Europa, del capitalismo del Norte, mientras España misma, en esa *periodización del esplendor*, se transformaba, política y económicamente, en un país exportador de materias primas y de recursos humanos: la materia prima esencial, cierto, pero devaluada al no haber dado el salto histórico a la Revolución industrial, hija y fruto histórico de la Revolución parlamentaria que la precede. Ese elemento de vinculación es más importante que *Imperio y Revòlución industrial.* Sin la revolución política no hay "primer mundo".

Drama histórico no examinado nada más que veladamente, pero que constituye una prueba, cierta, de que la historia no tiene *leyes irreversibles*, pero sí *procesos inteligibles, reversibles.*

En otras palabras, el ideario global español estaba, aún, por hacerse a la hora en que los reyes recibían a Colón en Burgos y guerreaban contra Francia. Por otra parte, como consecuencia del *regalo deslumbrante* que hiciera a España y Portugal el papa Alejandro VI (dividiendo el mundo *por descubrir en el Atlántico* entre los dos países, pero con predominio para España) el porvenir "imperial" y "evangelizador" de los Reyes Católicos pareció enorme. El papa Borgia, español de origen, sucesor de Inocencio VIII, sabía bien, cuando firmó las bulas del reparto del mundo, lo mucho que debía a los reyes de Castilla y Aragón en cuanto a su elección como pontífice. También en ese terreno, la política internacional de España giraba sobre magnitudes universales. *¿No diría, después, Felipe II, que "en sus territorios no se ponía* *nunca el sol"*? Ahora bien, ¿quién gobernaría y en qué dirección esas magnitudes?

En esas circunstancias, Cristóbal Colón llegó a Burgos, como antes a Granada, como emisario, a la vez, de la imaginación y, por vez primera, como un dilema objetivo. Los reyes comenzaban a preguntarse ¿quién es este hombre y qué papel puede ocupar en el proyecto global?

Sus amigos, y otro nuevo, el cosmógrafo Jaime Ferrer Blanes, le sostienen y le apoyan, como siempre, pero en medio de una hostilidad que crecía. Cristóbal Colón pidió recursos, otra vez, para efectuar su tercer viaje. Los reyes, cierto y, en principio, atenidos al Derecho, le confirmaron todas sus prerrogativas. Le autorizaron, también, a fundar su mayorazgo y ratifican, seguramente con preocupación, el título de *Adelantado* por el otro Colón: Bartolomé, el hermano.

Los trámites, mientras tanto, para el tercer viaje fueron minuciosos. ¿Qué pretendía Colón, además de proseguir el gobierno y la continuidad institucional y geográfico-política de las tierras descubiertas? Sin duda de ninguna clase el objetivo era confirmar, de un lado, la aparición concreta de la *tierra firme, es decir, el mundo continental.* Del otro, explorar el *rumbo austral. Rumbo austral* que había dejado abierta, para España, la bula, las bulas, del papa Alejandro VI a los monarcas españoles. Aun en esas condiciones Colón inicia, con la Corona, la disputa, punto por punto, sobre la plenitud y vigencia de las Capitulaciones de Santa Fe. Terco; no cede. Los reyes firman. El seductor gana de nuevo, pero es su victoria pírrica. No tiene medida. No pondera la historia: cree en el privilegio.

El tercer viaje, dramático y mítico en la biografía de Colón, se inicia en 1498. El año antes, para infortunio de España y de su política global, había muerto el príncipe Juan, heredero varón de los Reyes Católicos. Con su muerte se generaría el tránsito, después del fallecimiento de Fernando de Aragón en 1516, a un monarca alemán y, por tanto, se apagaría o se trasladaría a otro espacio del desarrollo el eje de gravedad del *Estado-Nación* que quería ser España. Ruptura para varios siglos. Involucrada España en el gobierno de Europa y del Imperio, las ciudades de Castilla, libres y democráticas, como las aragonesas, terminarían por ser simples apéndices, puros eslabones del Imperio alemán. Las Cortes españolas, un poder, antes, progresivamente autónomo, fue, de nuevo, sometido a los monarcas que no dependerían ya del "poder legislativo" para sus presupuestos, sino del "quinto" real obtenido de las rentas y el expolio de América. Las Cortes dejaron de existir, al menos como promesa de una revolución parlamentaria futura, y no pudieron anticipar la evolución política de Inglaterra. Los Habsburgo, en nombre de una gran "idea" imperial, serán eximidos —no la nación británica— de tener que desarrollar las instituciones que moderarán y someterán el Poder Ejecutivo al Derecho. La Revolución industrial y la Revolución parlamentaria se alejarían de España (vasta catástrofe, no inferior a la latinoamericana culturalmente) hasta el siglo XX. El oro y la plata de América hundirían el proyecto español y servirían, como cemento áureo y plateado, para la rápida creación del capitalismo europeo que, por ello mismo, inventaría el Estado de Derecho. Lucien Goldman, por transposición, lo diría muy bien.

En sus palabras, los franceses que hicieron la Revolución de 1789 creían construir la igualdad, pero, en realidad, crearon las condiciones de la igualdad en el Derecho y la desigualdad económica como condiciones ineludibles, las dos al tiempo, del desarrollo del capitalismo. España, creyendo hacer el Imperio y la religión universal fabricó, por tres siglos, su retirada objetiva del mundo moderno. El subdesarrollo, pues, desde la opulencia aparente y desarticuladora.

Todo eso no se sabía en 1498 cuando el último navegante medieval y el primer navegante renacentista, los dos en el mismo hombre, iniciaban su tercer viaje abandonando las tierras andaluzas —*el Al-Andalus* de los árabes— por San Lúcar de Barrameda. En la desembocadura del Guadalquivir: *el río sevillano del Quinto Centenario.* Al mando de las seis carabelas Colón partía hacia las Indias para imponer, creía, una lectura nueva de los mapas del mundo: "la ruta directa a Cipango", la ruta de las Indias y el encuentro con el Asia de Marco Polo.

La leva de anclas se efectuó el 30 de mayo de 1498. Navegó hacia Madera. Hizo escala en Porto Santo. ¿Qué infinidad de recuerdos? Su vida entera desfilaría allí ante él. En Porto Santo, en esa isla, confiada a los Perestrello por Henrique *el Navegante,* había vivido, él mismo, con su esposa portuguesa, madre de Diego. Desde sus acantilados vio el Atlántico con una mirada absorta. ¿Equivocado Toscanelli? No sólo él, sino Colón, que examinaba cada noticia del Mar Tenebroso como una promesa de futuro.

En la iglesia de Porto Santo, metido en sí, memoria e historia, pidió que se celebrara una misa por el ánima de la que fuera su esposa, doña Felipa Moniz Perestrello.

Colón era, sin duda, un *legalista,* un hombre de la herencia genovesa de los notarios ante los cuales estuviera presente, como protagonista y corresponsable, con su padre el tejedor, en deudas y préstamos sobre la casa, la taberna o los tejidos comunes. Legalista, instituyó, en Sevilla, antes de salir, el documento notarial que creaba el mayorazgo en favor de su hijo Diego. Todos sus títulos y patrimonio a él pasarían. Entre las obligaciones, inherentes al mayorazgo, traspasaba a su hijo la de ceder, al Banco de San Georgi de Génova, una suma para que fuera usada al servicio de su ciudad natal. Las cartas que habían precedido a esa decisión, es decir, las cartas que escribiera Colón con motivo de esa "manda" al embajador de Génova en España, Oderigo, las escribió en español. Todo esto y más se daba cita, como conciencia y subconciencia, en la misa de Porto Santo.

Él dirá, en la carta a los reyes —relato del tercer viaje—, que

> navegué a la isla de Madera por camino no acostumbrado, por evitar escándalo que pudiera tener con una armada de Francia, que me aguardaba al Cabo San Vicente, y de allí a las islas Canarias, de donde me partí con una nao y dos carabelas y envié los otros navíos a derecho camino a las Indias a la isla Española [Hispaniola]. Y yo navegué al Austro con propósito de seguir a la línea equinocial y de allí seguir al Poniente hasta que la isla Española me quedase al Septentrión...

El Atlántico era ya "territorio" explorado, conocido, vuelto y revuelto. Llegó, pues, de nuevo a tierra. "Y al cabo de diez y siete días —continúa diciéndoles a los reyes—, los cuales Nuestro Señor me dio con próspero viento, martes 31 de julio a mediodía nos amostró tierra y yo la esperaba el lunes antes..."

Pero en La Hispaniola, en La Española, se encontrará, quizá, con lo que presentía: con la rebelión armada y la división en clanes de soldados y caballeros ávidos de pelea. De fondo lo ya sabido: levantamiento contra los hermanos Colón. Éstos eran, además, "extranjeros". Palabra de pasión en la España que comenzaba a vivir fermentos nacionalistas crecientes.

Tuvo que poner todo su prestigio y energía para construir una paz frágil. Su hermano Bartolomé le dio mejores noticias que la realidad. Le dijo que había descubierto una mina de oro y fundado una nueva ciudad: Santo Domingo. Hora feliz, pero corta. Para ganarse a los rebeldes tuvo que volver a colocar en su cargo a Francisco Roldán, el cabeza del levantamiento, el cabecilla deslenguado. Algunos indios sufrieron torturas acusados *de sacrilegio.* ¿A sabiendas? La periferia insular, ¿era ya sacrílega? ¿Qué pasaría, entonces, con las civilizaciones religiosas, organizadas, que esperaban a Europa, en el continente, con sus pirámides y sus serpientes fálicas?

Los tres: don Cristóbal, don Diego y don Bartolomé no eran buenos administradores y aquel trasiego de poblaciones, esperanzas disueltas y alimentos podridos no eran la mejor infraestructura para el diálogo. Colón estaba acostumbrado a tratar con una aristocracia ávida, curiosa y alerta. En las islas estaban, al revés, los duros trotamundos; los soldados del azar y los mareantes de lo inmediato que no querían morir ni pobres ni en la lejanía. No le sirvió de nada al Almirante, por todo esto, perdonar a Roldán, porque la revuelta, medio dormida, esperaba la yesca y el fuego. En suma, Colón, arrogante, tendrá que asumir, *pese a su misa diaria, que no se le quiere.*

Un verdadero gobernante, en esas horas, hubiera buscado alianzas; él incorporó enemigos a los enemigos. Se susurraba, en el pueblo bajo, que era un "converso". De ahí a decir que era hereje, ¿qué faltaba? ¿Judío también?

No sabía Colón que el Atlántico era ya *un pasillo*. En la corte se recibían noticias confusas, contradictorias. "¿Qué pasa en La Española?", se preguntaban. Colón no enviaba oro; quería mandar, de nuevo, esclavos. ¿Con qué derecho? Inclusive Isabel de Castilla se encerraba en un mutismo seco cuando se le hablaba del "Almirante y sus hermanos".

La consecuencia fue concreta. Los reyes enviaron un visitador regio. Se llamaba Francisco Bobadilla. Era un funcionario de probada honestidad y de incalculable incapacidad para mantener un diálogo con el Imaginador de Mundos. Para Bobadilla el gobierno de la "Ínsula" no podía ser, *como tampoco en el caso de don Quijote en el futuro, un asunto de imprudencias, rebeliones y ejecuciones.* Los "Colones", le decían, no dudaban en "decapitar". Bobadilla exige papeles, documentos, informes. En La Hispaniola no se hablaba de otra cosa y todas las preguntas se reducían a una sola cuestión: "¿Quién tiene ahora el mando?" La mirada de Bobadilla, al llegar a Santo Domingo, se encontró con dos españoles colgados por el cuello. Las Casas dice que llevaban allí, como ejemplo, "varios días". Sentado en su mesa de oidor,

Bobadilla supo que otros cinco españoles esperaban su momento para ser colgados.

Pidió a Diego Colón, sin excusas, con las cartas reales en la mano que acreditaban sus poderes, y que él sobrevaloró, que le fueran entregados los prisioneros. Ocupó, con la población a su favor, la casa misma de Colón y "secuestró todos sus papeles, cartas, todo lo que pudo encontrar. Para hacerse popular proclamó que cada uno podría guardar todo el oro que quisiera, salvo una pequeña cantidad para la Corona. Don Diego, por haber rehusado cumplir sus órdenes, fue puesto bajo cadenas..."

Cuando llegó el Almirante y éste le dijo que él era intocable, Bobadilla, impávido, "también lo encadenó con grilletes..."

Cristóbal Colón y sus hermanos no podían ser juzgados en La Hispaniola, en la Española. En el otoño del siglo XV, en el mes de octubre de 1500, Colón fue transportado, bajo fierros, a la carabela *La Gorda*. Así iniciaría el tercer regreso a España, su tercer regreso de las Indias...

Se dice, la producción del mito era ineludible, que el capitán del barco, Alonso Vallejo, nada más separarse de las costas quiso liberar al Almirante. Éste, en la desigual batalla entre la biografía y la novela, la leyenda y la historia, preferiría lo legendario: "Estas cadenas se me han puesto en nombre de Su Majestad y yo las llevaré hasta que Sus Majestades no den la orden de quitármelas..."

Lo real, lo imaginario y lo simbólico coinciden y se identifican en las cadenas y grilletes. Sólo así se produce, en Cristóbal Colón, *la plena autoexculpación.* A mayor agravio mayor significado de lo profético y revelado. En la "carta a los reyes", esto es, en *el texto del tercer viaje*, el hilo conductor entre lo real y lo premonitorio, se expresa con un retorno a los orígenes proféticos:

> ...La Sacra Escriptura testifica que Nuestro Señor hizo el Paraíso Terrenal y en él puso el árbol de la vida, y de él sale una fuente de donde resultan en este mundo cuatro ríos principales: Ganges en India, Tigris y Éufrates en [vacío en el texto original] los cuales apartan la sierra y hacen la Mesopotania y van a tener en Persia, y el Nilo que nace en Etiopía y va en la mar en Alejandría...

En suma, él piensa que en las tierras descubiertas, con los ríos, se halla el Paraíso. Por lo demás añadirá:

> Plega a Nuestro Señor de dar mucha vida y salud y descanso a Vuestras Altezas para que puedan proseguir esta tan noble empresa, en la cual me parece que recibe Nuestro Señor mucho servicio y la España crece de mucha grandeza y todos los cristianos mucha consolación y placer, porque aquí se divulgará el nombre de Nuestro Señor, y en todas las tierras adonde los navíos de Vuestras Altezas van y en todo mando plantar una alta cruz...

¿Qué ofrecerles, además de él mismo, en persona, cargado de fierros? Esa ofrenda de sí era una apelación a la clemencia y al arrebato de la desmesura. Genio y santidad. ¿No era demasiado?

De todas formas, lúcido, no quitaba el dedo del renglón áureo:

> Ansi mesmo sin considerar que ningunos príncipes de España jamás ganaron tierra alguna fuera de ella, salvo ago-

ra que Vuestras Altezas tienen acá otro mundo, de donde puede ser tan acrecentada nuestra santa fe y de donde se podrán sacar tantos provechos, que bien que no se hayan enviado los navíos cargados de oro, se han enviado suficientes muestras de ello y de otras cosas de valor, por donde se puede juzgar que en breve tiempo se podrá sacar mucho provecho... [Cristóbal Colón: *Los cuatro viajes del Almirante.*]

El encadenamiento del Almirante, nada más hecho público a su arribada a Cádiz el 25 de noviembre de 1500, conmocionó a la gente. Había llevado los grilletes 40 días y 40 noches. Su aparición en público significó un clamor. El Seductor, emocionado, supo que ha ganado la batalla más difícil de su vida. *Es curioso: en aquel año, en 1500, había nacido de Juana* la Loca *y Felipe* el Hermoso *el futuro emperador Carlos I de España y V de Alemania. En 1500, también, se sublevan los moriscos de Granada porque no se cumplían las reglas de la capitulación, para rendirse, de 1492. Los moros vivían, como Colón, los riesgos del poder.*

Los reyes —en el palacio de La Alhambra, en Granada, la Granada mora— reciben al cautivo muy condolidos. Dato cierto, sin duda. Le señalan que no es bajo sus órdenes por lo que ha regresado encadenado. Ello ocurre en diciembre. Cuando los reyes ordenan que se le quiten los grilletes —él arrodillado ante los monarcas— la gente llora y en la calie, como un río, un gentío acompaña el acto solemne. El símbolo liberador era indudable. ¿Cambian las cosas? ¿Convierten al Almirante de la fe en un gran administrador, en un gran virrey? Nada de eso. Lo que es, es.

Prueba fehaciente de ello es que si bien es cierto que

los reyes destituyen a Bobadilla "por exceso en sus atribuciones", no será Colón el que vuelva a La Española como gobernador, sino otro funcionario de la Corona: Nicolás de Ovando. Las cartas están marcadas y han sido jugadas. *El Estado-Nación no quiere inventar la aventura; aspira a consagrar las certidumbres.*

En 1501 Colón cumple 50 años; como Isabel *la Católica.* Pero la empresa nacional no encuentra acomodo para el gran *obseso* —el mundo fálico en Lacan— y, por ello, desde Granada, se sumerge en la redacción de un texto asombroso, místico: el *Libro de las profecías.* No es irrelevante insistir en que en ese texto, en muchos aspectos increíble, habla de que al igual que se liberó Granada de los moros ha llegado la hora, como en las Cruzadas, de la necesaria liberación de Jerusalén de los infieles. Jerusalén, pues, al mismo tiempo que América.

"El Señor —les dice— extenderá una segunda vez su mano para rescatar al resto de un pueblo disperso en Asiria y Egipto..."

Se entiende que más de uno pensara que hablaba *como los judíos.* Estamos, sin embargo, ante el hombre medieval en el cual aparece, como en las islas del Caribe "la geografía de las Indias", la inicial creación, complicada, del hombre moderno. De una forma u otra ese texto, inverosímil, se lo manda a los reyes. Es casi seguro que los monarcas no se metieron a leer tal libro de caballerías. Por lo demás, el año 1501 fue largo, penoso. Otros "descubridores" viajaban a "sus" tierras y mares. Él, anclado, esperaba impaciente que le dejaran proseguir su eterno "retorno". Mientras, el 21 de marzo de 1502, escribía al embajador genovés, Nicolás Oderigo, carta bien notable, para leer despacio: en sosiego apasionado.

"Señor: la soledad en que nos habéis desado non se puede dezir..."

Soledad seca, yerma, desamparante, cierto. El Almirante imploraba.

> El libro de mis escrituras ["Libro de los Privilegios", aclara Consuelo Varela en su notable recopilación de *Textos y documentos* publicado en Alianza Universidad] di a miçer Francisco de Ribarol, para que os lo enbíe con otro traslado de cartas me[n]sajeras. Del recabdo y el lugar que pornéis en ello os pido por merced que lo escriváis a Don Diego... Sus Altezas me prometieron de me dar todo lo que me pertenece y de poner en posesión de todo a Don Diego, como veiréis...

Terminaba así: "Nuestro Señor os aya en su santa guardia."

En efecto, los reyes, proclives ya a la razón de Estado, provenían, a la par, pese a todo, de una concepción indudable *del Derecho.* En efecto, el 4 de marzo los reyes habían advertido a Colón que le ratificaban los privilegios concedidos en las Capitulaciones de Santa Fe. La cuestión no es menor. En efecto, pese a que Colón se *descubría,* a sí mismo, y menos propicio le era el derredor social y cortesano que lo rodeaba, los reyes quisieron atenerse, en lo posible, al cumplimiento del *pacto legal.* Pero procediendo ya a innovar los textos. Por lo pronto, como se ha visto, el puesto de "Gobernador y juez supremo de las islas y la tierra firme de las Indias" le fue retirado el 3 de septiembre de 1501. Su sucesor, Nicolás de Ovando, ni se acordaba de él. Aún así no se quería, en la corte, la ruptura violenta, abrupta. Si la ingratitud y olvido de los reyes son cosas ciertas, la memoria del *Cristo ferens* era, al revés, larga. Ese *viaje de cortesías* recíprocas tuvo, finalmente, que expresarse en actos. Los reyes aceptaron, en la primavera de 1502, que volviera a la mar.

Los monarcas, ya héroes del papel sellado y la rúbrica de Estado, *imponían normas*, es decir, le advertían cómo concebían, *ellos*, el cuarto viaje que nadie sabía, aún, que sería el último, pero que se pensaba, eso sí, que debía ser la prueba decisiva. El fuego se preparaba, no *per accidens*, para el declinar del resplandor.

En otras palabras, los reyes señalaron, sin equívocos, que Colón viajaba en busca de los recursos áureos, plata y las piedras preciosas de que tanto hablaba. Jerusalén, en realidad, les preocupaba menos. *Le prohibían, sin equívocos, capacidad alguna para aprisionar indígenas y hacerlos esclavos.* "Nada en la carta de los reyes —dice Granzotto— hacía referencia al objeto principal del viaje: la búsqueda de un paso hacia las Indias." Colón les había hablado de ello, pero el texto real parece indicar, al advertir a su Almirante (con honores pero sin poderes) que no pusiera los pies en La Hispaniola (salvo caso de necesidad al regreso) que lo que realmente se pretendía era terminar con sus alegatos y sus reclamaciones. Navegaría, por tanto, como Almirante *de los reyes*. Nada más. La autoridad se había traspasado a otros; los privilegios, sólo en la letra, continuaban. Dudosas y conflictivas las condiciones. Por eso, en la carta a Nicolás Oderigo, se explicitaban, con prudencia, los conflictos. Por ello, ya confirmado el cuarto viaje, escribía Colón a la

Banca de San Jorge (San Giorgi) de Génova, su tierra natal, una misiva que requiere, para su lectura, un respirar hondo:

> Muy nobles Señores: Bien que el coerpo ande acá, el coraçón está alí de continuo. Nuestro Señor me ha fecho la mayor merçed que después de Dabid El aya fecho a nadi. Las cosas de mi inpresa ya luzen y farian gran lumbre si la escuridad del gobierno non le incobriera. Yo buelvo a las Indias en nombre de la Santa Trinidad para tornar luego. Y porque soy mortal, yo deso a Don Diego, mi fijo, que de la renta toda que se obiere que os acuda alí con el diezmo de toda ella cada um año para siempre, para en descuento de la renta del trigo y bino y otras bitualias comederas. Si este diezmo fuere algo, reçebildo, y si non, reçebid la voluntad que yo tengo. A este fijo mio bos pido por merced que tengáis encomendado... [Del mismo resumen de *Textos* de Consuelo Varela.]

La carta está fechada en "Sebilla" a dos días de abril de 1502. Es una carta con pocas prudencias. Casi subversiva. No duda en decir "que el cuerpo esta acá" (en España, en la Sevilla del Quinto Centenario, por cierto y por más señas) pero que "el corazón está allí": *en Génova.* Y bien inequívocamente: dicho, pues, y firmado. No duda en subrayar, tampoco, que *sus hechos* (aunque la aclaración de que es "mortal" no deja de ser un exceso de lenguaje) "harían gran lumbre si el gobierno no los oscureciese".

En este caso el *Cristo ferens,* cuando condena, habla, *impersonalmente, del gobierno.* Sin tránsito, como si hubiera diferencias, al nombrar a los reyes al final de la carta, elige la lengua ritual del respeto y la pleitesía: "El

Rey y la Reina, mis señores, me queren honrar más que nunca..." *El gobierno,* al parecer, apagaba, al revés, su *lumbre con la escuridad.* Difícil elección de palabras; el *Cristo ferens* lo hace y, de forma bien perceptible, define su descontento y desasosiego.

La carta de Colón a la Banca de San Jorge tiene dos referencias más que me parecen de sumo interés. La primera se refiere a esto que no es cualquier cosa. En dos casos nombra a la Santa Trinidad. Uno de ellos ya ha sido citado. El otro es de despedida: "La Santa Trinidad vuestras nobles personas guarde..."

Marcel Bataillon, el autor del admirable libro sobre Erasmo, debiera haber leído esas veces, y otras muchas veces más, que Colón hace referencia a la Santísima Trinidad. "La malignidad italiana bautizó —dice Bataillon— *peccadiglio di Spagna* la falta de fe [española] respecto a la Trinidad, dogma que repugnaban, a la vez, judíos y árabes...* En Colón había claro entendimiento de los significados; los matices. Puede pecar de exceso, en esas cuestiones. Lo prefiere.

La carta de Colón a los reyes, sobre su *tercer viaje,* se terminaba en el delirio. Delirio equivalente a la enor-

*El texto de Bataillon merece la pena de ser, otra vez, citado en orden a ese punto:

> Pero, pese a la Inquisición y a despecho de su misión militante frente al Islam, el catolicismo español no aparecía como resplandeciente de esa pureza sin sombra que reivindicará, altamente, en tiempos de la Contrarreforma. Se ha observado, justamente, que la severidad misma de la represión inquisitorial era interpretada como un signo de que los españoles tienen necesidad de la compulsión para ser cristianos...

Después viene, inmediatamente, el párrafo sobre "el pecadillo español" y respecto a la Santa Trinidad.

midad del ultraje padecido al retorno, cargado de grilletes. Decía así:

> Y agora, entre tanto que vengan noticias de esto, de estas tierras que agora nuevamente he descubierto, en que tengo sentado en el ánima que allí es el Paraíso Terrenal, irá el Adelantado con tres navíos bien ataviados para ello a ver más adelante, y descubrirán todo lo que pudieran hacia aquellas partes. Entre tanto, yo enviaré a Vuestras Altezas esta escriptura y la pintura de la tierra, y acordarán lo que en ello se deba hacer y me enviarán a mandar y se cumplirá con ayuda de la Santa Trinidad con toda diligencia en manera que Vuestras Altezas sean servidos y hayan placer. Deo gracias.

Las palabras, transitadas por el tiempo, como las caracolas, evocan hemisferios patéticos:

"Y me enviarán a mandar." Poco iba *a mandar* y no querían, además, que mandase. Justamente ése era el corazón de la querella.

El 9 de mayo de 1502 comenzaba Colón su cuarto viaje: el último; el postrero. Olvidaba, en su egolatría, que Juan Cabot había descubierto ya el Labrador en 1497; que Vasco de Gama había doblado ya, en 1498, el Cabo de Buena Esperanza; que Américo Vespucci, con Juan de la Cosa, había explorado ya las costas de Venezuela; que Juan de la Cosa había diseñado ya, en 1500, su mapa del mundo y que el propio Américo Vespucci —que le arrebatara con su nombre el de *América*— llegaría, en 1501, a Río de Janeiro: al Brasil inmenso que Cabral había descubierto, para Portugal, en 1500. Duro es vivir. ¿Recuerda que el *Apocalipsis* de Durero es de 1498, el año mismo en que Colón se alistaba para el tercero y más dramático de sus viajes? *Apocalipsis*, pues.

El 9 de mayo de 1502 levó anclas, Cristóbal Colón, en la hermosa e indeclinable belleza de la bahía de Cádiz. ¿Se preparaba para el último trago amargo de la mar?

Los reyes le habían dicho que no hubiera dilaciones en la marcha. Madariaga señala, con precisión lúcida, las recomendaciones finales que le hicieran al orgulloso. En una de ellas: "en la que a la vuelta de mucha insistencia sobre la obediencia que el personal le debía [a Colón] los reyes le dicen sin ambages: 'a los cuales habéis de tratar como a personas que nos van a servir en semejante jornada'." La otra nota, añade Madariaga, era "terminante y sin reservas: 'y no debéis traer esclavos...'"

Frases inyectadas de indudable decisión de advertencia y crítica. Se sabía, por múltiples informes, que el trato de Colón *con el personal castellano* no era el mejor camino para un comandante en jefe. Lo de los esclavos era repetir lo ya sabido. Colón insistía en que tomar esclavos era una tradición histórica del pasado. No quería reconocer, una vez más, la realidad: que quería ofrecer *esclavos en vez de los tesoros prometidos*. Ese "intercambio desigual" se establecería después: *en la práctica, en la praxis del estallido del encuentro*. No era eso lo que querían, de inicio, los reyes. Se lo afirmaron categóricamente.

El cuarto viaje, como símbolo, sería el viaje de las tormentas. Con la proa hacia las Canarias la mar le hizo frente al Tenebroso. "Esa noche que allí entré [en la Gran Canaria] fue con tormenta grande y me persiguió después siempre..."

Eso, tal cual, les dice a los reyes en su relato del cuarto

viaje —carta escrita en Jamaica el 7 de julio de 1503— y en el primer párrafo:

> Ochenta y ocho días —les dice a los monarcas— había que no me había dejado espantable tormenta, atando que no vide el sol ni estrellas por mar; que a los navíos tenía yo abiertos, a las velas rotas y perdidas anclas y jarcia, cables, con las barcas y muchas bastimentas...

No duda en añadirles que las tierras que ganó "para España fue sudando sangre". Lo cierto es que, una vez más, incumplió las órdenes terminantes recibidas y arrojó anclas ante Santo Domingo con el pretexto de un navío en malas condiciones. Ni Madariaga, generoso y seducido por el Seductor, le defiende. "Sus explicaciones son lamentables." Añade que podía haber mandado un capitán a La Española y no presentarse él mismo. Los reyes no sólo habían nombrado a Ovando gobernador de La Española, sino que le dijeron a Colón que no pusiera los pies allí. ¿Qué más?

En consecuencia, el gobernador, Ovando, atenido estrictamente a las órdenes reales, se negó a dejarle, siquiera, entrar en el puerto. Así estaban las cosas. Colón aprovecha (en la carta a los reyes, durante su cuarto viaje) para abrir las heridas con nuevas quejas:

> Otra lástima —dice— me arranca el corazón por las espaldas y era de D. Diego, mi hijo, que yo dejé en España tan huérfano y desposesionado de mi honra e hacienda; bien que tenía por cierto que allá, como justos y agradecidos príncipes, le restituirían con acrecentamiento en todo...

De su hijo, Fernando, ni una sola palabra. Fue el hijo, cierto, de la cordobesa con la cual *no se había casado.*

¿No era ocasión para nombrarle? Colón se explicita como un hombre *legal* que elude la defensa y la conquista de la *legitimidad*. Valeroso era el jovencísimo Fernando; así lo demostró, sin tacha, en esa travesía de huracanes. El padre se lo había llevado con él.

Cargas enormes de agua salada cayeron sobre las cuatro carabelas (casi como al comenzar, en 1492, con las *tres* y muy lejos de las 17 del segundo viaje porque la vida da y quita) que llevaron por nombre: *Santiago* (aunque los marineros la conocieron por la *Bermuda* por el nombre de su propietario, Francisco Bermúdez, puesto que la propiedad alarga los patronímicos), la *Gallega* y la *Vizcaína*. No se sabe el nombre de la cuarta, aunque sí los hombres que llevaron: 140. Entre ellos estaba el joven Fernando, ocho años menor que Diego. Fernando contaba sólo 13 años de edad en el cuarto viaje. Colón podría pensar que era él mismo cuando comenzara sus viajes, como grumete, en el Mediterráneo. En él se veía y miraba.

En el *Santiago* estaba, también, el *Adelantado*, es decir, su hermano don Bartolomé. Viaje triste, pero viaje donde, otra vez, se hizo patente su maestría en la observación de los avatares de la mar. Después que se le negara el acceso a Santo Domingo por las órdenes del gobernador Ovando, le mandó a decir, a este último, que no saliera a la mar porque se avecinaba un huracán. ¿Quién creería al desdeñado visionario?

No se le hizo caso. Al revés, al contrario, desatendiendo sus anuncios, 20 navíos se hicieron a la mar desde La Española. Entre los hombres que iban a bordo se encontraban los dos personajes que más tuvieron que ver con las desgracias de Colón durante su tercer viaje:

Bobadilla, que le cargó de hierros, y Roldán, que se le sublevara dos veces y sublevara a los españoles frente a los Colombo genoveses. Según la previsión de Colón, que se refugió en lugar adecuado, los 20 navíos fueron aniquilados por la tormenta anunciada. El profeta revelaba así, con el desastre de sus enemigos personales, desde el poder de la palabra científica, la predicción de lo memorable.

Viaje terrible, pese a ese resplandor de lo profético. Enfermo, con las tripulaciones exhaustas, recorrió, magnífico, deslumbrante, las costas de Nicaragua y Costa Rica. Un clima dulce le permitió revivir. *Allí tenía el continente ante sí y la posibilidad de atravesar la garganta centroamericana y descubrir la inmensidad: el Pacífico, es decir, el otro camino hacia Asia, como hiciera, en 1513, Núñez de Balboa.* Él se contentó con preguntar a los indios dónde había oro o promesas de oro. Le hablaron de las minas de *Veragua* (ducado que llevan, como título nobiliario, los descendientes de Cristóbal Colón) pero, pese a sus esfuerzos, asombrosos en muchos aspectos, tuvo que retroceder. Las poblaciones les hacían frente y la Naturaleza, hermosa y enérgica, requería otra expedición para penetrarla. Batallas y sangre. El "otro" era insensible ya a los abalorios. Su hábitat comenzaba a ser una fortaleza. Colón, atacado por la malaria, deliraba en el puente.

Derrotados, perseguidos de nuevo por las tormentas, regresaron los buques colombinos, en condiciones de miseria física extrema, a Jamaica. *Janahica* escribe él en la Carta a los Reyes.

No cabía nada más que el retorno a España, pero ¿cómo? Una carabela, la *Vizcaína*, destrozada, quedó abandonada en las costas de Panamá. El auxilio les era indispensable, pero ¿de qué forma anunciar en La Hispaniola que estaban al filo de la extinción si el Almirante de la Mar Océana quedaba sin ayuda?

Hubo una tentativa heroica: navegar en unas canoas hasta Santo Domingo. Sólo la hipótesis parecía una locura. Hubo los locos adecuados para ese destino. Diego Méndez, con unos indios solidarios, lo intentó y debió regresar. Entonces, un genovés, Bartolomeo Fieschi, que tuviera a su mando la *Vizcaína,* se ofreció acompañar, en otra canoa, a Méndez. Sin la infraestructura india, y sus brazos, la aventura, ya temeraria de por sí, hubiera sido impensable. Lo asombroso es que recorrieron la distancia inaudita. Llegaron en cinco días largos y pesados. Como losas de hierro caliente, sobre las cabezas, les siguió el sol.

Arribaron, como siempre, a la hora española de la sublevación. El gobernador Ovando hacía frente a una larga y larvada querella intestina. Otra, casi semejante, acontecía en las filas de Colón en "su" Jamaica. Grave era aquella doble situación; más grave se convertía con aquellos hombres que aspiraban a la riqueza y la sobrevivencia.

Finalmente, el Almirante tuvo suerte. Un viejo amigo, Diego de Salcedo, cargando los gastos a su costa, alquiló una carabela y un velero para ir a buscarle. En junio de 1504 le encontró exhausto. Abandonaron equipos y naves destruidas. El 28 de junio de 1504 se tomó el acuerdo de navegar, pasara lo que pasara, hacia La Española. Eso se hizo y el gobernador Ovando, de buen talante, le recibió y atendió. Las dificultades sobre los privilegios de cada parte resurgieron a tenor de las peleas habidas entre la gente; algunas cercanas a los Colombo, Colón, Coullon…

No hubo otra cosa que hacer que partir para España. Luz final de la Odisea y, acaso, de la transfiguración. El 12 de septiembre de 1504 *Cristo ferens* se embarcó para Europa. Sabía, entendía, que estaba solo: con la espalda contra el muro de granito. El 7 de julio de 1503, en su famosa Carta a los Reyes, había escrito, al final, las palabras más inusitadas de su existencia inusitada:

> Aislado en esta pena, enfermo, aguardando cada día por la muerte y cercado de un ciento de salvajes y llenos de crueldad y enemigos nuestros, y tan aparte de los Santos Sacramentos de la Santa Iglesia, que se olvidará de este ánima si se aparta acá del cuerpo. Llore por mí quien tiene caridad, verdad y justicia. Yo no vine este viaje a navegar por ganar honra ni hacienda; esto es cierto, porque estaba ya la esperanza de todo en ella muerta. Yo vine a Vuestras Altezas con sana intención y buen celo y no miento. Suplico humildemente a Vuestras Altezas que, si a Dios place de me sacar de aquí, que haya por bien mi ida a Roma y otras romerías. Cuya vida y alto estado la Santa Trinidad guarde y acreciente. Fecha en las Indias, en la isla de Jamaica, a 7 de julio de 1503 años…

No era la carta complaciente que acostumbran a recibir los poderes. Colón revelaba su energía psíquica, el dolor y el orgullo herido. Un párrafo duele en el alma y vibra en la batalla: "Llore por mí quien tiene caridad, verdad y justicia."

¿Pensaba que eran los reyes quienes no llorarían por él ausentes y carentes de caridad, verdad y justicia?

Algo se encendía, letra a letra, en la parábola: "Llore por mí..."

El 7 de noviembre de 1504 Cristóbal Colón desembarcaba, endurecido por la adversidad, en Sanlúcar de Barrameda. Frío invierno en el alma. Por si ello fuera poco, hiel en la hiel, 19 días más tarde moría en Medina del Campo —campo de Castilla— Isabel *la Católica.* El vínculo con el pasado, vínculo casi carnal, como si formaran parte de la misma compañía de guerreros del siglo, se terminaba. Llegaría, después, al trono de Castilla, por vía de doña Juana *la Loca,* su esposa, un príncipe centroeuropeo, germánico, güero y lejano, que se llamaba Felipe y le apellidaron, por la enajenación de su mujer, *el Hermoso.* Isabel de Castilla, antes de morir, premonitoriamente, nombró único regente del reino, único administrador y único gobernador a su esposo, Fernando de Aragón, ya *el Católico...* hasta que el infante don Carlos cumpla los 20 años. Todo ello escrito queda en su testamento. El 23 de noviembre —ya estaba Colón, enfermo como ella, de regreso— Isabel firma un codicilo. En ese codicilo hay frases para las Américas, todavía las Indias, *pero no dice una palabra para el Almirante Colón.* A menos que entendamos que las reclamaciones que los reyes le hicieran antes, contra la esclavitud y la violencia, se ratifican en ese texto. Por ello ordena lo que sigue:

> Que pongan toda su diligencia para no consentir ni dar lugar a que los moradores de las Indias y Tierra Firme, ganadas y por ganar, reciban agravio alguno en sus personas y bienes, sino que sean bien y justamente tratadas y si algún agravio hubiesen recibido, se les remediase y proveyese...

Serviría de poco o de nada, pero escrito quedaba. Los agravios llovían sobre la milpa colombina.

Pero de Colón, insisto, no dice una sola palabra.

Las Casas, en su tratado conciencial *(Del único medio de anunciar la fe a todo el género humano,* 1522-1537) sobre la evangelización, proponía "la dulzura, la persuasión y el ejemplo de una vida de caridad".

Los Équipes Resurrection en *100 Points Chauds de l'Histoire de l'Église* (libro publicado por Desclée de Brouwer con un prefacio del cardenal A. Renard), plantean el problema de esta manera:

> ...Para muchos conquistadores y colonizadores, la ocupación de las tierras y la servidumbre de las poblaciones hubieran sido más fáciles si todos los indígenas hubieran permanecido paganos. A partir del momento en que recibían el bautismo se convertían en hermanos en Jesucristo y se transformaban en sujetos de Derecho capaces de resistir, en nombre de la fe, órdenes inmorales o injustas, sostenidas por un clero que, en numerosos lugares, adoptó de hecho, su causa. La misma experiencia se reprodujo, más tarde, en los territorios ocupados por Francia en África. Los administradores [coloniales] han frenado, en casos, la evangelización puesto que sabían que los indígenas serían menos dóciles si pasaban a ser cristianos... [p. 175].

La reina Isabel sabía, sin mayores omisiones, el fracaso de la tolerancia en el último reino musulmán de Granada y el signo del decreto de expulsión de los judíos que cancelaría, hasta 1992 —cuando España ha intentado la difícil pacificación, a la vez, con judíos y musulmanes—, un diálogo plural fecundo, después de siglos de coexistencia, sepultado ya, antes de encontrarse con América, bajo montañas de nuevas violencias e intolerancias.

Cristóbal Colón, en 1503, pensaba en ir de romero a Roma; quizá, en su interior profundo, a Jerusalén.

No sabemos bien qué pasaría por la cabeza de Colón al saber la noticia de la muerte de Isabel de Castilla en cuya corte estaba su hijo don Diego, a quien tenía como mediador suyo allá: *en la vecindad áurea del Poder.*

Sabemos, eso sí, que su hijo recibe dos cartas suyas en noviembre de 1504. Una fue fechada el 21; la otra el 28. La reina recibió los santos sacramentos el 25 de noviembre y al día siguiente, 26, falleció al mediodía. Las comunicaciones de la época eran complicadas. Fernando de Aragón hizo saber la muerte de su esposa, la reina, en cartas firmadas ese mismo día, a numerosas personas importantes, pero "hasta el 3 de diciembre no se supo en Murcia; hasta el 18 en Navarra y hasta el 22 no la conoció el papa Julio II y ello por mediación de un emisario del archiduque Felipe *el Hermoso*".

En una carta de Colón a su hijo don Diego, fechada el 1 de diciembre de 1504, no le dice una palabra del tema. Sólo se queja de que no recibe noticias suyas. Le reprocha: "desque reçebí tu carta de XV de Noviembre, nunca más he sabido de ti. Quisiera que me escriviérades muy a menudo. Cada ora quisiera ver tus letra[s]".

Eso sí, le habla incansable de las rentas de las Indias; le señala sus privilegios; lo que debe recibir y no recibe según los acuerdos pactados. En la carta del 1 de diciembre cita con cariño a Diego Méndez, aquel valiente que cruzara el mar, en canoa, desde Jamaica a La Española para salvarle la vida. Pero el otro gran tema predomina: "Es de trabajar [carta del 1 de diciembre de 1504 a Diego] en haber la gobernación de las Indias y después el despacho de la renta. Allá te desé um Memorial que dezia lo que me perteneçe de ellas..."

En esos días de diciembre de 1504 Cristóbal Colón está en Sevilla y desde allí, incansable, pese a sus enfermedades y debilidades, insiste en lo mismo. Todavía, el día 3 de diciembre, vuelve a escribir al hijo advirtiéndole que le envía "um Memorial bien complido". Ni una palabra, aún, de la muerte de la reina. Es significativo que, con el hijo, las apelaciones a la divinidad sean mucho más escuetas que cuando escribe a los reyes. Con éstos se despide, al menos en ocasiones, apelando a la Santa Trinidad. En el tráfico de su correspondencia cotidiana es más apagado. A Nicolás de Ovando, por ejemplo (carta del 7 de agosto de 1504) le regala un cumplido y ritual: "Su noble persona y casa Nuestro Señor guarde." De su hijo, en la carta del 21 de noviembre de 1504, se despide con "tu padre que te ama más que a sí". En la del 28 de noviembre la fórmula es la anterior, pero unos renglones antes le dice: "Nuestro Señor te aya en su santa guardia."

El tema de la muerte de Isabel de Castilla no es pequeña cosa para él. Al contrario. Antes de que se entere de ella no cesará de hablar, eso sí, de dineros, haberes, privilegios. El 13 de diciembre insiste en lo mismo y con el final anterior sin otra mención a nada: "Tu padre que te ama más que a sí..." El 21 de diciembre escribe otra vez a su hijo ("ya dise cómo es neçesario de poner a buen recabdo en los dineros fasta que Sus Altezas nos den ley y asiento") y es patente, por la mención a *Sus Altezas* que Colón no sabe, todavía, que la reina ha muerto casi un mes antes.

La primera mención que hace Colón del fallecimiento de Isabel *la Católica*, al menos en la cuidadosa recopilación de Consuelo Varela, es del 27 de diciembre. Y si Isabel *la Católica* no nombra, ni en su testamento ni en su codicilo, a Cristóbal Colón, cuando él asume su muerte tampoco muestra gran dolor. En carta a Nicolás Oderigo, el embajador genovés, como obligación cronológica de lo que le advierte, dirá: "En ese tiempo faleçio la Reina, mi Señora, que Dios tiene..."

Añade, equivocadamente: "Creo que Su Alteça lo habrá bien probeido en su testamento, y el Rey, mi Señor, muy bien responde."

Curiosamente, para no citarle, la reina dictó su testamento, no ocultándose la gravedad de su estado, el *12 de octubre de 1504*. La fecha es notable. No duda, Isabel *la Católica*, en decir cómo deberá ser enterrada (vestida con el hábito de San Francisco) y en dónde. Salvo que su esposo elija otro lugar para él y, dado ese caso, su cuerpo deberá ser trasladado a su lado. Muchas más observaciones, serenas, calmas, realiza y propone. De Colón, como si nunca hubiera existido, y en el codicilo, salvo aquellas advertencias, tampoco le dedica una palabra.

En la carta a Diego Colón, fechada también en Sevilla, el 29 de diciembre de 1504, Colón padre sabe ya, de sobra, como lo prueba la misiva a Nicolás Oderigo, la muerte de la reina. Habla de todo. No del fallecimiento de Isabel de Castilla. En los dineros, sin duda, una vez más se detiene y advierte. Quimera y plática, pues, de sordos.

Cristóbal Colón añadía, a los misterios, su permanente misterio personal. Firmaba, de repente, con un triángulo cifrado. En las cartas, antes señaladas, a su hijo Diego está y queda ese laberinto.

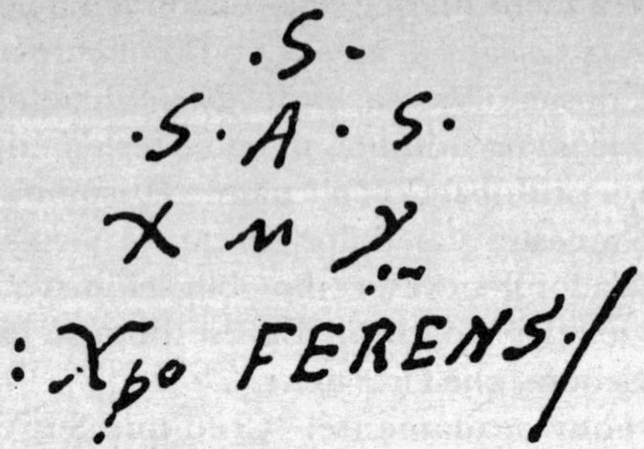

Regresaba, en la edad de lo fabuloso, la idea del judaísmo. "Dado el espíritu de la época —dice Simon Wiesenthal en *Segel der Hoffnung (Operación Esperanza)*—, lo más probable es que ese triángulo sea una fórmula religiosa. Según los partidarios de la ascendencia hebrea de Colón se podía leer:

> Shaday
> Shaday, Adonai, Shaday
> Chesed Moleh Yehova
> (Señor, Señor Dios Señor,
> Dios ten piedad)."

Las siete siglas, pues, en hebreo. Las siete siglas, en cristiano, podían ser testimonio, a su vez, de tres versiones igualmente identificables de fe indudable. En suma, Cristóbal *(Xpo* es la abreviatura de *Cristo* o de *Cristóbal)* y el *ferens,* son la versión del *Portador de Cristo.* Se reinstala, con esa firma, en el misterio. Cuando su hijo Diego recibía, al final de su carta del padre, esa extraña firma, ¿qué pensaba? ¿Qué sabía? ¿Qué ignoraba? Lo desconocemos.

Simon Wiesenthal dice que, por parte cristiana, hay

tres versiones sobre el posible significado. He aquí su versión en el libro ya citado:

Sum	Servus	Salvatoris
Xristo	Altissimi	Yesu
	María	
Sus	Servidor	Sacras
Xristo	Altezas	Ysabel
	María	
Sanctum	Salvo	Sepulcrum
	Altissimum	Yesus
Xriste	María	

Añade Wiesenthal:

> La firma "Xpo Ferens" forma la base del triángulo. Los dos puntos que aparecen delante de la palabra "Xpo", en castellano se llaman *colon* y los estudiosos convienen en que sustituyen al apellido del descubridor y (también) "Xpo" es la abreviatura de Cristo. El nombre de pila Christophorus —"portador de Cristo"— [añade Wiesenthal], era adoptado por numerosos judíos al bautizarse...

Especulaciones hasta más allá de la vida y la muerte. Dejémoslas ahí, en ese lugar escueto. Todo es posible con el fabulador. Hombre secreto y hombre cotidiano. Lo cierto es que en diciembre de 1504, enterado de la muerte de Isabel de Castilla, enfermo, blanco ya el cabello, vivirá ese invierno. Será larguísimo. Más largo, aún, porque Américo Vespucci publicaba su *Mundus Novus* que haría revertir, hacia él, lo inesperado: el nombre de *América.*

XXV. MUERTE Y ADIÓS A LAS PIEDRAS PRECIOSAS

INVIERNO largo se decía antes. Lo fue. Del Guadalquivir sevillano ascendió una bruma húmeda, helada. Las piernas del Almirante, ateridas, apenas se movían. Se queja de inmovilidad y dolores.

En mayo de 1505, con grandes pesadumbres —se habló de llevarle en la litera que sirvió para trasladar los despojos mortales del Gran Cardenal de España pero era un reclinatorio macabro, suntuoso y horrible— partió, a lomos de mula, para Segovia, donde le esperaba su hijo Diego, que estaba cercano al rey Fernando de Aragón y regente de Castilla. Finalmente tuvo que viajar hacia Salamanca porque la corte, trashumante, no estaba quieta y los reinos tenían problemas.

Entrevista difícil. El rey (el *Príncipe* de Maquiavelo), atenido a la razón de Estado, no era muy propicio a ese coloquio con un hombre que, al tiempo, *era el medievo y la utopía del porvenir.* El monarca, de todas las maneras, se atiene al Derecho —lo que no es poco al lado del *imperium* de las tiranías que cinco siglos adornarían el siglo XX en nombre de las utopías necrófilas del totalitarismo— y le dice, al eterno impugnador, que las diferencias entre la Corona y el Almirante (respecto a los privilegios admitidos en las Capitulaciones de Santa Fe) deberían someterse a un árbitro imparcial o, cuando menos, que merezca la confianza de las dos partes. Colón se inclina por el padre Deza, arzobispo de Sevilla, su viejo amigo. El rey acepta.

El diálogo sobre *intereses* tiene un tono seco, turbio. Los expertos discuten, dialogan sobre el sentido de las palabras. El "décimo", la décima parte de que habla Colón se refiere, dice él, a todas las riquezas de las tierras descubiertas. No, dicen sus interlocutores. Sólo puede corresponder, le añaden, a un décimo del "quinto" que la Corona se apropiaba según el Derecho.

El propio arzobispo debió asumir, entre el poder real y las interpretaciones de Colón, que la visión económica que manejaba el Almirante de la Mar Océana era ya inasumible por y para la Corona. Quería tener los privilegios del Gran Almirante de Castilla (que tenía "beneficios" en el comercio general que eran, en realidad, un gravamen, un *impuesto)* en orden a los recursos económicos. No se trata, en el fondo, de saber quién tenía razón según lo pactado en Santa Fe. Cristóbal Colón, legalista, desvariaba; el rey, cansado, dejaba que otros, intermediarios en la querella, le dijeran que no.

Lo mismo ocurriría con "el Gobierno de las Indias". Colón miraba el mundo desde su universo personalizador del *jus utendi* y el *jus abutendi,* del *derecho de uso y el derecho de abuso.* El monarca lo sabía mejor que él y no estaría dispuesto a regresar al pasado. Cuando Isabel y Fernando nombraron gobernador a Ovando sabían que liquidaban, y no sólo porque la *administración personal* de Colón les irritara políticamente, la posibilidad de *cualquier gobierno* por encima de la Corona. En suma, no se harían tratos con él respecto al Poder. Menos, aún, si Colón insistía en derechos de *gobierno perpetuos* en el cuadro, jurídico, de virrey y de gobernador de las Indias. *Colón quería un feudo; el sistema quería un súbdito. En resumen, se le conservarían sus dignidades; no sus privilegios.*

La querella, pesada como la máquina administrativa de la Corona, se llenó de lamentables episodios. Los interrogatorios y cuestionamientos continuaron en la ciudad de Valladolid, donde Fernando de Aragón recibió a Felipe *el Hermoso*, hijo del emperador Maximiliano de Austria, casado con su hija Juana *(la Loca)* y que también pretendía gobernar.

Cristóbal Colón recibía cuentas fehacientes de los administradores reales —algunos de ellos judíos que habían sobrevivido al Edicto de Expulsión por vía de la conversión— y, en términos estrictos, ello le había convertido en un hombre rico y respetado, pero lejano. Su vieja casa vallisoletana no era lujosa —los futuros duques de Veragua la transformarían en palacio— pero estaba cerca de la casa del rey. Eso bastaba al *Quijote furioso* que deseaba lo que el Príncipe de Maquiavelo consideraba ya imposible: *gobernar, decidir.* Hablaba en nombre de sus derechos; le contestaban en nombre del Derecho Público. Sigue al rey a Segovia. Regresará al fin, cada vez más enfermo y achacoso, a Valladolid.

Había salido de Sevilla en mayo de 1504 para librar su última batalla, su última querella de samurai genovés. *En mayo de 1506, el día de la Ascensión por más señas, el 20 de mayo según los calendarios, Cristóbal Colón, el Cristophorus, el Cristo ferens, expiró. Descanso deslumbrante para el hombre que no dejó, tras sí, un solo retrato auténtico. Hecho, sin duda, extraordinario.*

Estaban a su lado, se ha dicho, sus dos hijos: Diego y Fernando. El primero todavía tendría cargos importantes en las "Indias". El segundo sería su biógrafo. En la habitación, grande y sin demasiados lujos, aparecieron dos hombres de excepción: los dos inusitados guerreros que, en canoas, remaron entre Jamaica y La Española —Méndez y Fieschs— para pedir auxilios y ayuda para su Almirante. Tipos admirables, rostros magníficos en la tarde final del éxodo. A la vera de la cama los dos hermanos de Colón, Bartolomé y Diego, rezaron las últimas oraciones y le recordaron, quizá, los días de Génova donde estaba "el corazón": el suyo.

Antes de morir, en su hoguera de cristal, todavía pidió a su hermano, a Bartolomé, que llevara un escrito a doña Juana, la reina "oficialmente", advirtiéndola que aún le sería posible "rendir a Su Majestad servicios como nunca se vieran".

Su reino visible era, a la hora de escribir esas palabras, una habitación desasosegada de Valladolid, unas piernas inválidas y una cabeza tumultuosa donde se daban cita las grandes crisis de la historia. ¿Dónde estaba, entonces, Beatriz Enríquez, la cordobesa que le diera como hijo al valeroso Fernando Colón? No lo sabemos. Sólo a Diego, el heredero legítimo, le encomendará, con el alma en vilo, que se ocupe de ella porque "pesa en mi conciencia". Había testado minuciosamente —más de una vez porque era hombre de papeles y legajos— y dejó todo el papeleo firmado y bien firmado para que su hijo Diego continuara el proceso, contra la Corona, de los Colón. Justo es decir, no obstante, que el Derecho permitió y posibilitó la gran querella. No es poco decir, en el abominable siglo XX de los gobiernos absolutos. Inclusive Diego, que había sido educado con los príncipes, logró ser nombrado gobernador de La Hispaniola después del gobierno de Ovando. Colón, fáustico, hubiera sonreído.

El entierro fue breve, solitario. El rey y los cortesanos estaban fuera de Valladolid. Los franciscanos del convento cercano le velaron. Nadie, prácticamente, se enteró de su muerte. El gran personaje, hijo de una época, asombroso y múltiple, murió a los 55 años de edad. Había sido, entre 1475 y 1506, la cabeza más acalorada, y más deslumbrante, de una época de descubridores de cabeza fría y obsesiones científicas. Sus huesos, como su firma, como su obra, darían ocasión, aún, a la fabulación.

En efecto, después del tránsito y la inhumación en el vecino convento de los franciscanos, sus restos fueron trasladados al claustro de Santa María de las Cuevas de Sevilla —bella cartuja— y de allí emigraron, como él mismo en vida, con autorización de Carlos I de España y V de Alemania, a la catedral de Santo Domingo, donde hubo muchos problemas con el obispo para ser enterrado con decencia y según sus honores. Llegó a decir, el obispo, que Colón era extranjero —de nueva cuenta— y no creyente. ¿Él? *Él; el Cristo ferens.*

Posteriormente los restos de su hijo Diego se le reunieron en Santo Domingo. La profecía y la sangre parecieron obtener, unánimes, reposo para siempre. Falso. En 1795 las tropas francesas ocuparon Haití y Santo Domingo (la vieja Hispaniola o Española donde hubo una *Isabela* que le costará sangre, sudor y lágrimas) y las autoridades españolas evacuaron sus restos y los de Diego Colón y los llevaron a La Habana. ¿Para siempre? Tampoco. De allí se trasladarían, en el invierno de la existencia, a la catedral de Sevilla. ¿Quién aseguraría que son los suyos y los de sus hijos, puesto que los de Fernando se unieron también a los de *Xpo ferens* y Diego? *Nadie.* Es casi justo. Sólo así la reflexión es posible e incómoda.

BIBLIOGRAFÍA

Ageorges, Véronique, y Brigitte Gandiol-Coppin, *Les Grandes Découvertes. L'Histoire des Hommes*, Editorial Casterman, Italia.

Anzoátegui, Ignacio B., *Los cuatro viajes del Almirante y su testamento. Cristóbal Colón*, Editorial Espasa-Calpe, España.

Atienza, Juan G., *Guía judía de España*, Altalena Editores, España.

Bataillon, Marcel, *Erasme et l'Espagne. Recherches sur l'Histoire Spirituelle du XVIe Siècle*, Librairie E. Droz, Francia. [Hay edición en español en el FCE: *Erasmo y España.*]

Bennassar, Bartolomé, Joseph Pérez, J.P. Amalric y E. Témime, *Léxico histórico de España moderna y contemporánea*, Taurus Ediciones, España.

Carande, Ramón, *Siete estudios de historia de España*, Ediciones Ariel, España.

Carretero Zamora, Juan Manuel, *Cortes, monarquía, ciudades. Las Cortes de Castilla a comienzos de la época moderna (1476-1515)*, Siglo XXI Editores, España.

Cassou, Jean, *La Découverte du Nouveau Monde*, Nouvelles Éditions Marabout, Francia.

Colomb, Fernando, *Christophe Colomb Raconté par son Fils*, Librairie Académique Perrin, Francia.

Colón, Hernando, *Historia del Almirante*, Editorial Historia 16, España.

Consejo Superior de Investigaciones Científicas, *Historiadores de los siglos XVI y XVII*, Gráficas Reunidas, España.
Chaliand, Gérard, y Jean-Pierre Rageau, *Atlas de la Découverte du Monde*, Fayard, Francia.
Chaunu, Pierre, *Séville et l'Amèrique. XVe-XVIIe Siècle*, Flammarion, Francia.
De Madariaga, Salvador, *Vida del muy magnífico señor don Cristóbal Colón*, Editorial Sudamericana, Argentina.
Descola, Jean, *Cristóbal Colón. El infortunado descubridor de un mundo*, Editorial Juventud, España.
Duverger, Christian, *La Conversion des Indiens de Nouvelle Espagne*, Éditions du Seuil, Francia.
Dyson, John, y Peter Christopher, *Colón un hombre que cambió el mundo*, Emecé Editores, Argentina.
Équipes Résurrection, *100 Points Chauds de l'Histoire de l'Église*, Desclée de Brouwer, Francia.
Febvre, Lucien, *Erasmo, la Contrarreforma y el espíritu moderno*, Ediciones Orbis, España.
Fédou, René, *Léxico de la Edad Media*, Taurus Ediciones, España.
Gil, Juan, y Consuelo Varela, *Cartas de particulares a Colón y relaciones coetáneas*, Alianza Universidad, España.
Granzotto, Gianni, *Christophe Colomb*, JCLattés, Francia.
Guerra, François-Xavier, *La Péninsule Ibérique de l'Antiquité au Siècle d'Or*, Presses Universitaires de France, Francia.
Heers, Jacques, *Christophe Colomb*, Hachette, Francia. [Hay edición en español en el FCE: *Cristóbal Colón*.]
Houben, H., *Christophe Colomb*, Editorial Payot, Francia.
Iglesia, Ramón, *El hombre Colón y otros ensayos*, Fondo de Cultura Económica, México.

Kamen, Henry, *Una sociedad conflictiva: España, 1469-1714*, Alianza Editorial, España.
Luján, Néstor, *La vida cotidiana en el Siglo de Oro español*, Editorial Planeta, España.
Magalhães Godinho, Vitórino, *Les Découvertes. XVe-XVIe: une Révolution des Mentalités*, Éd. Autrement, Francia.
Mahn-Lot, Marianne, *Portrait Historique de Christophe Colomb*, Éditions du Seuil, Francia.
Maravall, José Antonio, *Las comunidades de Castilla*, Ediciones Castilla, España.
Menéndez Pidal, Ramón, *El Cid Campeador*, Editorial Espasa-Calpe, España.
———, *El idioma español en sus primeros tiempos*, Editorial Espasa-Calpe, España.
———, *España, eslabón entre la cristiandad y el Islam*, Editorial Espasa-Calpe, España.
———, *La lengua de Cristóbal Colón*, Editorial Espasa-Calpe, España.
Parry, John H., *Europa y la expansión del mundo 1415-1715*, Fondo de Cultura Económica, México.
Pavoni, Rosanna, *Christophe Colomb. Images d'un Visage Inconu*, Vilo Diffusion, Francia.
Pérez, Joseph, *La España de los reyes católicos*, Editorial Swan, España.
———, *Isabel y Fernando, los Reyes Católicos*, Editorial Nerea, España.
Plaidy, Jean, *Castilla para Isabel*, Javier Vergara Editor, Argentina.
Poema de Mio Cid, Versión de Pedro Salinas, Alianza Editorial, España.
Rojas Mix, Miguel, *Los cien nombres de América*, Editorial Lumen, España.

ÍNDICE

Este libro se imprimió y encuadernó en octubre de 1992 en los talleres de Marc Ediciones, S.A. de C.V., Gral. Antonio León No. 305, Col. Juan Escutia, 09100, México, D.F.
La edición, que consta de 2000 ejemplares y cuya tipografía realizó *Angelina Peña Urquieta* en el Taller de Composición Electrónica del Fondo de Cultura Económica, estuvo al cuidado de *Gerardo Cabello*.

OTROS TÍTULOS PUBLICADOS POR JUAN MARÍA ALPONTE BAJO EL NOMBRE DE ENRIQUE RUIZ GARCÍA

América Latina: anatomía de una revolución (2 tomos), Editorial Guadarrama. Madrid.

El Tercer Mundo, Alianza Editorial, Libro de Bolsillo núm. 99, Madrid.

Subdesarrollo y liberación, Alianza Editorial, Libro de Bolsillo núm. 433, Madrid.

La descolonización de la cultura, Biblioteca Universal Planeta, Barcelona.

Zapata, tierra y libertad, Espasa-Calpe, Madrid. Y en portugués: *Zapata, terra e liberdade,* Iniciativas Editoriais, Lisboa.

Centroamérica entre el bisonte y el toro, Cuadernos Taurus, Madrid.

Inglaterra del Imperio a la nación, Fondo de Cultura Económica, Archivos del Fondo, México.

América Latina: la explosión de los poderes tradicionales, Ediciones Solidaridad, México.

Libros de cuentos. Premio Universitario. *Yo asumo la vida de Pedro Olmo,* Ediciones Índice, Madrid.

El libro rojo del rearme. Hora H., Ensayos y Documentos. Traducido al portugués con el título *O Livro Do Rearmamento o rearmamento: sua influencia nas sociedades contemporaneas,* Iniciativas Editoriais, Lisboa.

A America de Carter. As multinacionales como fase superior do imperialismo, Iniciativas Editoriais, Lisboa.

La estrategia mundial del petróleo, Editorial Nueva Imagen, México.

Las transnacionales, fase superior del Imperialismo, Alianza Editorial, Libro de Bolsillo núm. 672, Madrid.